Beltz Taschenbuch 864

Über dieses Buch:
»Kinder haben kein Anrecht auf perfekte Eltern, aber sie haben ein Anrecht darauf, dass wir unser Bestes geben« – unter dieser Devise steht das neue Buch von Heidi Maier-Hauser. Und wenn wir unser Bestes geben, können wir auch loslassen, uns immer wieder von unseren Ängsten und Sorgen um das Kind lösen und darauf vertrauen, dass es seinen Weg Schritt für Schritt bewältigt. Unsere Sorge, unser Kind könne ohne unser stetes Eingreifen sein Leben nicht bewältigen, ist ein verständlicher, aber schlechter Ratgeber. »Das Beste zu wollen« bedeutet eben, die Fähigkeit zu besitzen, in vielen Situationen, die das Buch beschreibt, auszuhalten, dem spontanen Bedürfnis, in den Alltag des Kindes einzugreifen, sei es unterstützend, sei es strafend, nicht zu folgen. Bevor wir eine Grenze setzen, sollten wir immer überlegen, wie notwendig und angebracht sie ist. Dann allerdings heißt es, konsequent zu bleiben.

Die Autorin:
Heidi Maier-Hauser leitete viele Jahre ihren Montessori-Kindergarten in Zürich. In Elternkursen vermittelt sie die Anwendung der Montessori-Pädagogik in Elternhaus und Schule. Im Beltz-Verlag erschien auch ihr Buch »Lieben – ermutigen – loslassen. Erziehen nach Montessori«.

Heidi Maier-Hauser

»... dass wir unser Bestes geben«

Erziehen nach Montessori

BELTZ
Taschenbuch

Besuchen Sie uns im Internet:
www.Beltz.de

Beltz Taschenbuch 864
1 2 3 4 5   08 07 06 05 04

Umschlaggestaltung: Federico Luci, Köln
Umschlagabbildung: © Getty Images Deutschland
Satz: WMTP, Birkenau
Druck und Bindung: Druckhaus Beltz, Hemsbach
Printed in Germany

ISBN 3 407 22864 3

Kinder haben kein Anrecht auf perfekte Eltern,
aber sie haben ein Anrecht darauf,
dass wir unser Bestes geben.

Inhaltsverzeichnis

Einleitung

Seit dem Erscheinen meines Buches »Lieben – ermutigen – loslassen« haben mich viele Leserinnen und Leser und viele Teilnehmer meiner Kurse und Elternseminare ermutigt, noch mehr Beispiele aus dem Familienalltag zu veröffentlichen. Und ich habe während meiner Workshops viele neue Mütter, Väter und Kinder kennen gelernt, die mir von ihren Sorgen und Freuden erzählt haben. Also möchte ich im Folgenden meine Leserinnen und Leser an den Ereignissen und Episoden teilhaben lassen, die ich in lose gegliederter Reihenfolge zu einem weiteren Buch zusammengefasst habe. Das Buch »Lieben – ermutigen – loslassen«[1], auf das an manchen Stellen verwiesen wird, möge als Grundlage und Leitfaden dienen, ist aber nicht unbedingte Voraussetzung zur Lektüre dieses Buches.

Einige dieser neuen Geschichten werden denen, die dieses Buch in die Hand nehmen, sicherlich zu denken geben, über andere kann man auch immer wieder ein wenig schmunzeln. Die meisten Kapitel sprechen dabei für sich und bedürfen keiner weiteren Erläuterung. Hin und wieder jedoch habe ich eigene Gedanken dazu in Kursivschrift angefügt. Wenn die eine oder andere dieser kleinen Geschichten neue Impulse für den Familienalltag geben kann, würde ich mich sehr freuen!

Kinder sind keine Engel! Und trotzdem dürfen wir ihre vielen wunderbaren Seiten nicht übersehen! Manchmal liegt es eben auch an unserer eigenen Gereiztheit, unserem harschen Ton und unserer Inkonsequenz, wenn sie »aufmüpfig« sind. Kinder reagieren sofort und lernen schnell. Wenn wir ihnen mit Achtung und einer wohlwollend-konsequenten Haltung begegnen und

---

1 Heidi Maier-Hauser: Lieben – ermutigen – loslassen. Erziehen nach Montessori. Beltz Verlag, Weinheim und Basel 2000, 5. Aufl. 2004

auch genügend Freiraum gewähren, werden wir staunen, wie kooperativ sie sein können. Es liegt auch an uns selbst.

Ein Kind auf seinem Weg zu begleiten ist eine große Kunst und bedeutet für uns vor allem Selbsterziehung. Das ist gut so! Denn wenn wir bei uns selbst beginnen können, haben wir die Chance, vieles an unserem Erziehungsalltag zu ändern. Und wie gesagt: Kinder haben kein Anrecht auf perfekte Eltern – sie haben nur das Anrecht darauf, dass wir unser Bestes geben!

Kinder sind Kinder. Wenn wir uns auch noch so bemühen, gute und verständnisvolle Eltern zu sein, es ist eine stete Gratwanderung, sie zu starken und lebensoffenen Menschen zu begleiten. Es ist eine der größten Herausforderungen und wohl die schwierigste und lohnendste Lebensaufgabe, die es gibt.

Ich danke allen Eltern und Freunden von ganzem Herzen für ihre wertvollen Beiträge, mit denen sie, wissentlich und zuweilen auch unwissentlich, zu diesem Buch beigetragen haben.

Alle in diesem Buch geschilderten Beispiele sind aus wahren Erlebnissen und Begebenheiten aus meinem Montessori-Alltag, den Elternkursen und meinen Seminarreisen abgeleitet. Damit keine Rückschlüsse auf wirkliche Personen gezogen werden können, sind sämtliche Namen geändert worden.

I.
Hilf mir, es selbst zu tun!

Hilf mir, es selbst zu tun! Zeig mir, wie es geht! Und dann bitte lass mich gewähren! Ich habe das Recht, mich zu irren.

Ich muss meine eigenen Erfahrungen machen, um zu einem gesunden und mutigen Menschen heranwachsen zu können!

In »*Lieben – ermutigen – loslassen*« habe ich im Zusammenhang mit unserer Aufgabe als Eltern das Bild vom »Waiter«, Butler, Diener oder Kellner benutzt, der im Hintergrund bleibt und nur dann helfend eingreift, wenn es unbedingt erforderlich ist. Doch wie leicht schalten wir uns in die Angelegenheiten unserer Kinder ein, und dies oft auch dann, wenn es gar nicht nötig ist.

Das Kind aber muss Neues lernen und will, wo immer möglich, aus eigener Kraft mit seinen Angelegenheiten zurechtkommen. Überlegen wir einmal, wie es uns erginge, wenn tagein, tagaus jemand in unser Tun eingreifen würde, eine Person, die schon von ihrer Gestalt her ungleich größer wäre als wir und zudem noch alles besser zu bewältigen wüsste. Wir wären ärgerlich und »aufmüpfig« und würden wohl sehr bald aufhören, uns sinnvoll zu beschäftigen, weil sie oder er uns ohnehin in allem überlegen wäre und es uns auch ausgiebig unter die Nase reiben würde.

Auch unseren Kindern geht es so. Wenn wir uns unnötigerweise in ihr Tun einschalten, werden sie quengelig, lustlos und passiv.

Ich weiß, es juckt uns in den Fingern, wenn unser Kind, noch langsam und ungelenk, etwas in die Hände nimmt. Mit einer kleinen Geste »helfen« wir schnell nach. Ein ganz klein wenig nur, denken wir. So geht es ja viel flinker und müheloser, und wir können unseren Tagesplan besser einhalten. Trotzdem: Halten wir sein gemächlicheres Tempo aus und lassen wir es, wo immer möglich, bei seinem Tun gewähren!

»Hände in die Taschen und Schlösschen vor den Mund« hieß es an anderer Stelle, was bedeutet, unserem Kind nicht ständig über seine Schultern zu sehen. Es wird es uns mit Selbstvertrauen, Lebensintelligenz und Eigenverantwortung danken. Bleiben wir auf Distanz, überall dort, wo das Kind unsere Hilfe nicht benötigt oder wo es den Dreh selbst finden möchte. Unsere Angst, das Kind könnte ohne unser stetes Eingreifen sein Leben nicht bewältigen, ist ein schlechter Ratgeber. Halten wir uns zurück, denn

nicht jede Hilfe ist eine Hilfe!

Wenn ich mich vom Tun meines Kindes zurückhalte, heißt das nicht, dass ich mich von ihm abwende. Würde ich mich von ihm abwenden, ließe ich es – zumindest für eine Weile – hängen, vielleicht aus Trotz, vielleicht aus Enttäuschung oder mangelndem Interesse. Mich zurückzuhalten ist das Gegenteil von sich aufzudrängen und heißt zu lieben, ohne zu beherrschen oder unnötig einzuengen. Es bedeutet, dass ich mein Kind wohlwollend und voller Achtung gewähren lasse, damit es seinem Vorhaben soweit möglich aus eigenen Kräften nachgehen kann. Oder bildlich gesprochen: Wie der »Waiter« trete ich ein paar Schritte zurück und bin doch mit dem Herzen bei ihm und bereit, Hilfe zu geben, falls sie wirklich benötigt wird, ganz im Sinne des Leitsatzes:

Hilf mir, es selbst zu tun!

Hier einige Beispiele:

In einem Restaurant schauen mein Mann und ich einem etwa 2½-jährigen Mädchen zu. Sie schiebt einen Puppenbuggy vor sich her. Da stößt sie auf ein Hindernis: Sechs Treppenstufen führen nach unten. Entschlossen steuert sie darauf zu, will den Buggy hinunterrollen und stutzt, bleibt stehen, überlegt. Dann ergreift sie den Puppenwagen an der Lenkstange und am Trittbrett. Die Puppe droht hinauszupurzeln. Also stellt das Kind den Wagen nochmals ab und setzt die Puppe an den Treppenrand. Mit großer Sorgfalt trägt es den Buggy nun langsam Richtung untere Plattform. Einmal verliert es beinahe das Gleichgewicht und fängt sich wieder auf. Unten angekommen stellt es den Wagen ab, holt die Puppe und setzt sie sorgsam wieder hinein.

Die jungen Eltern behalten ihre Tochter im Auge, unterbrechen aber nicht das Gespräch mit den Großeltern. Die Großmutter ist unruhig, steht auf und setzt sich wieder.

Das Mädchen spaziert nun zufrieden von Tisch zu Tisch, schaut den Leuten ein wenig zu und geht dann zurück zur Treppe, um den Buggy wieder nach oben zu tragen. Das ist zu viel für die Großmutter. Sie nimmt das Kind auf den Arm und trägt es zum Tisch zurück, holt dann den Buggy. Das Mädchen protestiert energisch und die Großmutter holt ihm ein Eis. Es nippt ein wenig daran, schmiert den Rest auf den Tisch und bläst mit dem Röhrchen heftig in ihr Schokogetränk. Bald beginnt es lauthals zu schreien und die Familie verlässt eilig das Restaurant.

❖ ❖ ❖

Eine Mutter hält sich mit ihrem dreijährigen Sohn Lukas auf dem Spielplatz auf. Besorgt, dass ihm auch ganz bestimmt nichts zustößt, folgt sie ihm auf Schritt und Tritt und bleibt ganz dicht neben ihm stehen. Geht er zum Springbrunnen, hält sie ihn davon ab, weil sie sich sorgt, er könnte nass werden und sich erkälten. Begibt er sich zur Wippe, versucht er schon gar nicht, aufzusteigen, und wartet, bis sie ihn auf den Sitz hebt. Bald hat er genug, und sie hilft ihm auf die Rutschbahn, schon bevor er Anstalten dazu macht, selbst die Leiter hochzuklimmen. Lukas zeigt keinerlei Begeisterung. Passiv und mit ausdruckslosem Gesicht lässt er alles mit sich geschehen.

Etwas später begleitet die Mutter ihn zum Kletterturm und hilft ihm hinauf. Einen ganz kleinen Augenblick lang schaut sie zur Seite, genau in dem Moment, als Lukas loslässt, in der Gewissheit, aufgefangen zu werden. Er verletzt sich am Kopf, gottlob geringfügig.

❖ ❖ ❖

Zum Geburtstag ihrer Patentante fädelt Trix eine Kette auf. Versehentlich stößt sie ans Töpfchen mit den Perlen, und ein Teil der Perlen rollt auf den Fußboden. Mutter sagt: »Am besten, ich bringe dir den kleinen Wischer und die Schaufel, und du nimmst die Perlen damit auf. Wenn es nicht geht, kannst du es ja mit dem Staubsauger machen.« Trix nimmt den Wischer, macht damit zwei kleine Züge und sagt: »Mama, es geht nicht! Hol mir den Staubsauger!«

❖ ❖ ❖

Ein Mutter-Kind-Treffen in der Spielgruppe:

Die Mütter sind zu Kaffee und Kuchen eingeladen, während die Kinder mit der Spielgruppenleiterin Tontöpfchen bemalen. Es dauert nicht lange, und schon setzt sich eine Mutter neben ihr Kind, um ihm beim Malen zu helfen. Sie begründet ihr Eingreifen damit, dass das Töpfchen für Opa bestimmt sei. Ein Geschenk müsse doch ordentlich aussehen.

Zwei weitere Mütter setzen sich zu ihren Kindern, und nach kurzer Zeit sind alle Mütter an den Tischen und malen Tontöpfchen. Die meisten Kindern gehen spielen. Die Töpfchen werden dann auch perfekt …

❖ ❖ ❖

»Mama, du bist eine Giraffe«, sagt die neunjährige Livia.

»Weshalb soll ich eine Giraffe sein?«

»Schau in meinem Fabelbuch nach!«

Die Mutter schlägt nach. Im Buch steht, dass die Giraffe einen langen Hals bekommen habe, weil sie ihre Nase immer in die Angelegenheiten anderer steckte.

Mutter fragt: »Aber ich stecke doch meine Nase nicht in die Angelegenheit anderer!«

»Doch, das tust du die ganze Zeit! Gerade vorhin hast du gesagt, die Buchstaben in meinem Schreibheft seien noch wackelig. Das sehe ich doch selbst! Dabei hast du aber nicht bemerkt, dass sie weiter unten schon viel schöner sind. Wenn ich etwas mache, sagst du immer, ob es richtig oder falsch ist. Das kann ich doch selbst herausfinden!«

Die Mutter erschrickt und denkt nach. Fortan bemüht sie sich, ihr Kind nicht mehr unnötig zu korrigieren, und vermehrt seine guten Seiten wahrzunehmen.

Oft scheitert ein gutes Einvernehmen zwischen uns und unseren Kindern daran, dass wir annehmen, wir müssten sie fast unablässig ermahnen, damit sie zu guten und brauchbaren Menschen heranwachsen. So geraten wir leicht in die Versuchung, zu viel an ihnen herumzunörgeln, um ihr unerwünschtes Verhalten aus der Welt zu schaffen. Oft ist unser Ton dabei belehrend und vielleicht unfreundlich, und die Retourkutsche folgt in Form von kindlichem Trotz, Aggressionen und derselben unhöflichen Sprache, wie wir sie ihnen gegenüber angedeihen ließen. Nörglerisches Verhalten verdirbt das gute Einvernehmen in der Familie, und es ist dann schwierig, dieses unerfreuliche Klima wieder zu verbessern.

Nörgeln ist meistens gepaart mit einem inkonsequenten Erziehungsstil. Können wir ein unerwünschtes Verhalten unseres Kindes nicht billigen, hilft es, unnötige Worte oder Vorwürfe zu

unterlassen und stattdessen klare Grenzen zu setzen und durchzuhalten[2]*. Achten wir auf unseren Ton, und wenn immer möglich ist es besser, Du-Botschaften zu vermeiden*[3]*.*
Die Motivation unseres Kindes, ein unerwünschtes Verhalten zu ändern, ist ungleich größer, wenn in der Familie ein freundlicher Umgang gepflegt wird.

❖ ❖ ❖

Eine Mutter erzählt mir:

Ich habe das mit der Selbstständigkeit sehr ernst genommen. Für das Pfingstlager der Pfadfinder sollte mein Achtjähriger genügend Salatsauce für alle mitbringen. Er wollte sie selbst zubereiten. So schrieb ich ihm das Rezept auf und schaute sicherheitshalber hin und wieder nach ihm. Auch wenn er die Sache noch etwas ungeschickt in die Hände nahm, sein Werk gelang! So füllte er die Sauce in eine Flasche ab, fand aber, es sei zu wenig. Ich sagte: »Du weißt ja, wie es geht«, und verließ die Küche wieder. Nach etwa einer Viertelstunde kam er freudestrahlend zu mir und fuchtelte mit zwei Flaschen vor meinem Gesicht herum: »Mama, die zweite Salatsauce ist fertig!«

❖ ❖ ❖

Die Eltern stehen am Selbstbedienungsbuffet. Unschlüssig dreht ihr etwa fünfjähriger Loris seinen Teller in der Hand.

»Mama, gib mir zu essen!«

»Hier kannst du dir selbst nehmen, was immer du möchtest, Loris!«

»Ich will aber, dass *du* mir was gibst!«

»Loris, das ist ein Selbstbedienungsbuffet, fast wie im Schlaraffenland, und du darfst dir echt nehmen, was immer du willst.«

---

2 Lieben – ermutigen – loslassen, Seite 62–123
3 ebd., Seite 103

Loris wendet sich an seinen Vater:

»Papa, du sollst mir geben!«

»Geh, und nimm dir von all den Herrlichkeiten, Loris!«, erwidert er. »Ich schau dir vom Tisch aus zu!«

Die Eltern begeben sich an ihren Tisch und Loris nähert sich ganz langsam den verlockenden Speisen. Er hat einen Riesenhunger! Nach zehn Minuten kommt er zu seinen Eltern zurück. Auf den Teller hat er sich Nudeln, Schokoladenmousse, ein Paar Wienerwürstchen, Pommes frites und Eis geladen. Mit stolzgeschwellter Brust isst er alles auf. Dann holt er sich noch mehr Eis.

Und auch, wenn die Menü-Zusammenstellung nicht so ganz den Vorstellungen der Eltern entspricht, sie und auch Loris freuen sich, dass er es ganz allein geschafft hat.

❖ ❖ ❖

Nicole ist leicht gehbehindert. Zu ihrem neunten Geburtstag wünscht sie sich ein Fahrrad. Doch ihr Vater fürchtet, sie könnte hinfallen und sich sehr wehtun. Die Mutter jedoch möchte Nicole die Chance, ein eigenes Fahrrad zu besitzen, nicht nehmen. Die Eltern einigen sich darauf, dass Nicole das ersehnte Geburtstagsgeschenk bekommen und die Mutter ihr das Fahren beibringen wird. Dazu eignet sich das verkehrsfreie Sträßchen nahe beim Haus.

Nicole lernt schnell und will bald auf die »große Straße«. Der Vater ängstigt sich sehr.

»Siehst du, das hast du jetzt davon!«, sagt er zu seiner Frau.

»Nicole ist gescheit. Sie wird es lernen!«

Die erste, kleine Exkursion will der Vater nicht verpassen. Er fährt vor, damit er nicht mit ansehen muss, wenn Nicole umpurzelt. Die Mutter fährt hinter ihrer Tochter her. Einmal fällt Nicole tatsächlich um und steigt gleich wieder auf.

Es wird zur Familiengewohnheit, dass die drei am Sonntag eine kleinere Tour unternehmen. Als sich Nicole ganz sicher fühlt, fährt sie den Schulweg ohne Begleitung und ist zu Recht stolz darauf.

❖ ❖ ❖

Ein Vater berichtet:

Am Morgen wollte ich beim Bäcker frische Brötchen für das Frühstück holen. Pascal wollte auch mit. Eigentlich wäre ich lieber allein gegangen, weil es so schneller und einfacher erledigt gewesen wäre. Doch er wollte mich unbedingt begleiten. Bald war er angezogen und wir waren im Begriff zu gehen. Da kam der kleine Silvan angezottelt:

»Papa, ich will auch mit!«

Ich unterdrückte meine Ungeduld und fragte:

»Bist du auch bald fertig?«

Schnell holte Silvan seine Kleider und tat sein Bestes. Es dauerte etwa zehn Minuten und er stand fertig angezogen da. Nur bei den Schuhen musste ich ihm helfen. Sein T-Shirt hatte er verkehrt herum angezogen. Was soll's! So gingen wir zu Dritt und das anschließende Frühstück verlief harmonisch.

Aber ich muss schon sagen: Der Alltag mit Kindern ist manchmal schon verdammt stressig! Diese ganze Bäcker-Expedition dauerte über eine halbe Stunde länger als vorgesehen. Ich musste ganz gehörig auf die Zähne beißen, um den Kindern diese Freude zu gewähren. Doch ich denke, die Geduld hat sich gelohnt.

❖ ❖ ❖

In einem Elternseminar erzählt mir eine Mutter die folgende kleine Geschichte:

Ihre Nina, 5 Jahre, langweilte sich.

»Mama, was soll ich spielen? Ich langweile mich.«

»Ich weiß auch nicht, Nina.« Ich ging meiner Arbeit nach.

Nina langweilte sich weiter. Dann nahm sie ein Papier und schrieb ihren Namen darauf, versuchte auch noch den Namen ihrer Freundin darauf zu kritzeln und kam auf die Idee, sie zu besuchen. Doch sie war nicht zu Hause.

Nina kam also zurück und langweilte sich weiter. Nach einer Weile zerknüllte sie das Papier zu einer kleinen Kugel, warf sie aus dem Fenster und sagte: »Mama, ich habe die Langeweile aus dem Fenster geworfen!«

Darauf verschwand sie in ihrem Zimmer und spielte über längere Zeit mit großer Hingabe.

Eine andere Teilnehmerin desselben Seminars erzählte diese Episode ihrer Familie. Wenige Tage später kam ihre Tochter freudestrahlend nach Hause: »Mama, ich kann jetzt ohne Stützrädchen fahren! Ich habe meine Angst zusammengeknüllt und ins WC hinuntergespült!«

❖ ❖ ❖

Der Vater zeigt seinem 2½-jährigen Marcel, wie man die Butter auf Brot streicht. Es gelingt dem Jungen noch nicht so ganz und am folgenden Morgen will er es nicht mehr selbst tun. Der Vater streicht ihm das Brötchen, doch er legt ein Messer neben seinen Teller. Beim zweiten Brötchen versucht Marcel es nochmals. Es gelingt recht gut. Von da an streicht er seine Schnitte meist selbst.

❖ ❖ ❖

Eine Mutter mit ihren zwei Kindern am Frühstückstisch eines Hotels. Bianca ist ungefähr fünfjährig und ihr Bruder wohl zweijährig. Das zufriedene Klima am Tisch fällt mir auf.

Am Buffet holt Bianca ein Glasschälchen und schöpft Cornflakes hinein. Dann hebt sie vorsichtig den schweren Milchkrug und gießt langsam kalte Milch darüber. Etwas Milch tröpfelt auf das weiße Tischtuch. Der Kellner, der daneben steht, bedeutet ihr lächelnd, dass das nichts ausmacht.

Sie geht zurück zum Tisch und reicht das Schälchen ihrem kleinen Bruder. Dann füllt sie ein weiteres Schälchen für die Mutter und eins für sich selbst. Mit dem leeren Brotkörbchen geht sie nun Hörnchen holen, aber sie kann keine finden. So nimmt sie stattdessen drei Brötchen. Fünf Minuten später sucht sie nochmals nach den Hörnchen, sieht auf einem Tisch den großen Brotkorb stehen, holt sich einen Stuhl und schaut hinein. Oh Freude, die Hörnchen liegen darin! So nimmt sie drei davon und bringt sie an den Tisch, holt dann noch Käse und Schinken. Dies alles geschieht auf ruhige, selbstverständliche Weise.

Etwas später verlässt die Mutter für kurze Zeit den Saal. Bianca sagt zu ihrem Bruder: »Schau, dein Hörnchen ist hier ein ganz klein wenig angebrannt. Aber das kann man wegkratzen. Komm, ich mach es dir.«

Die Mutter kommt zurück und während des ganzen Frühstücks sind die drei fröhlich und unbeschwert.

❖ ❖ ❖

Ein Vater:

Auch ich ärgere mich, wenn man mir alles vorkaut. Geht es unseren Kindern denn nicht auch so? Heute zum Beispiel spazierten wir mit unserer zweijährigen Tochter Fiona durch die Felder. Von einem rauen, hölzernen Lattenzaun holte sie einen kleinen Holzspreißel. Wir zogen ihn vorsichtig aus der Haut und sie war dabei sehr tapfer.

Als wir auf dem Rückweg am selben Zaun vorbeikamen, wollte ich Fiona zurufen, sie solle ihn nicht wieder anfassen, doch meine Frau bedeutete mir, still zu sein. Fiona wollte dann auch wirklich nach dem Zaun greifen, stutzte und zog die Hand wieder zurück.

»Auaa«, sagte sie nur und ging weiter.

❖ ❖ ❖

Noch ein Vater:

Wenn mein kleiner Sohn auf einen Baum klettern will, der zu schwache Äste hat, läuft er Gefahr, hinunterzufallen. Weil er noch zu klein ist, diese Gefahr selbst zu erkennen, werde ich ihn von der Kletterpartie abhalten. Vielleicht kommt er ein Jahr später von selbst auf die Idee, eine Leiter anzulehnen, um sich den Apfel zu holen.

❖ ❖ ❖

Eine Begebenheit mit einem etwas älteren Kind, von dem mir eine Seminarteilnehmerin erzählte:

Nicoles Eltern waren nicht gerade glücklich darüber, dass ihre zehnjährige Tochter unbedingt ein Handy haben wollte, denn sie können sich das Geld nicht einfach so aus dem Ärmel schütteln. Doch Nicole wollte das Handy um alles in der Welt haben: »Alle in der Klasse haben eines«, bekräftige sie ihren sehnlichsten Wunsch.

»Wenn du das Geld dafür zusammensparst, kannst du dir eines kaufen«, versprachen es ihre Eltern. »Wir werden die Grundgebühr bezahlen und für deine Gespräche musst du selbst aufkommen.«

Nicole war einverstanden, teilte Zeitungen aus und arbeitete im Haus und im Garten. Endlich hatte sie das Geld beisammen und kaufte sich ein hübsches, winziges Handy. Überglücklich hütete sie den kostbaren Schatz wie ihren Augapfel. Um ihr Taschengeld zu schonen, reduzierte sie die Gespräche auf ein Minimum. Ins Sommerlager nahm sie das Gerät nicht mit, aus Angst, es dort zu verlieren. Doch wieder zu Hause konnte sie es eines Tages nicht mehr finden. Verzweifelt suchte sie es in allen Winkeln, auch in der Schule und auf dem Pausenhof. Auch ihre Mutter beteiligte sich an der Suche, obwohl sie, ganztags berufstätig, nicht viel Zeit hat. Hatte jemand das Handy gestohlen? »Ich kann dir jetzt auch nicht weiterhelfen«, sagte die Mutter, »es scheint, der Apparat ist und bleibt verschwunden.« Doch Nicole gab nicht auf. Zur Selbstständigkeit erzogen, war sie entschlossen, alles für das Auffinden des Handys, für das sie so hart gearbeitet hatte, zu tun. Wo konnte sie wohl noch suchen? Sie schrieb Plakatzettel und heftete sie an Mauern, Schaufenster, Bäume und Laternenpfähle – ohne Erfolg. Sie war enttäuscht und wütend.

Als die Mutter einige Tage darauf die Waschmaschine ausräumte, entdeckte sie in Nicoles Jeanstasche etwas Kleines, Hartes – Nicoles Handy. Doch es bestand kaum Hoffnung, dass es noch funktionierte, denn es hatte immerhin einige Stunden im Wasser gelegen und war auch noch gut durchgeschleudert worden. Trotzdem: Nicole öffnete den kleinen Apparat und blies ihn innen mit dem Haartrockner gründlich aus. Vater setzte es wieder zusammen und – das Handy funktionierte!

❖ ❖ ❖

2.
Das immer währende Thema Grenzen!

**Lernen wir auszuhalten, standzuhalten!
Bevor wir eine Grenze setzen, überlegen wir,
ob sie notwendig und angebracht ist.
Dann aber vermeiden wir, aus Schwachheit und
Unentschlossenheit doch noch nachzugeben!**

In meinen Workshops sind Grenzen stets das heiß diskutierte Thema.

Es ist schwierig und braucht Kraft, unvernünftigen Wünschen unserer Kinder standzuhalten. Oft bitten wir dann und verhandeln, appellieren an ihren gesunden Menschenverstand, weil wir glauben, das Setzen von Grenzen bedeute Liebesentzug. Aus Angst, die Liebe unserer Kinder zu verlieren, geben wir immer wieder nach, auch dann, wenn wir genau wissen, dass wir fest bleiben müssten. So lernen sie schon von ganz klein auf, ihren Willen durchzusetzen, oft mit Wutanfällen und Erpressungen, und werden dabei immer erfinderischer. Und doch wünschten sie sich nichts sehnlicher als Halt, Geborgenheit und unsere wohlwollend klare Führung.

»Braucht das Kind eigentlich Grenzen? Und ist es denn nicht möglich, ohne diese leidigen Schranken auszukommen? Wird das Kind, sobald es zum Erwachsenen heranwächst, nicht ganz von alleine vernünftig?« So fragen mich manche Eltern.

Ja, wenn man das Kind doch in jeder Situation gewähren lassen könnte! Und dann, zu Beginn der Pubertät, wenn die kleinen Quälgeister zu großen Tyrannen herangewachsen sind, würden sie ganz von selbst beginnen, sich zu vernünftigen, sozial denkenden Menschen zu entwickeln, so selbstverständlich, wie sich die Raupe zum Schmetterling verwandelt. Doch wir wissen, dass das nicht funktionieren kann.

Es ist manchmal unserer eigenen Lebensgeschichte wegen, dass wir uns davor fürchten, klare Grenzen zu setzen, weil wir Grenzen mit Zwang oder Gewalt gleichsetzen. Doch sollten wir unsere eigene Biografie nicht mit dem Leben unserer Kinder vermischen. Tatsache ist, dass wir die Kinder nicht vor jeder Frustration schützen sollten, die ihnen der Alltag bereitet, und auch nicht vor der Frucht ihres Tuns und Lassens, sei sie angenehm oder unangenehm. Hilfreich bietet ihnen das Leben diese Hürden an, damit sie zu starken, gesunden und lebensfrohen Menschen heranwachsen können.

Wir kommen nicht umhin, unseren Kindern vernünftige Grenzen zu setzen, sonst würden sie sich zu Menschen entwickeln, die mit den Härten des Lebens draußen nicht zurechtkommen. Sie würden tief in ihrer Seele krank.

Wenn wir in die Situation kommen, unserem Kind Grenzen setzen zu müssen, ist es wichtig, seine Würde und Selbstachtung zu wahren. Beschimpfungen und Vorwürfe bringen kaum Erfolg. Überlegen wir doch einmal, ob unsere Schelten von der vergangenen Woche eine anhaltende Wirkung bei unseren Kindern gezeigt haben. Wohl kaum. Ich weiß, dass auch wir Menschen mit Gefühlen sind und dass auch uns manchmal die Sicherung durchbrennt, dass auch wir einmal die Geduld verlieren und unsere Kinder anbrüllen. Doch machen wir uns das nicht zur Gewohnheit! Wann immer möglich, atmen wir tief durch und bleiben wir ruhig! Verzichten wir auf Drohungen und unnütze Worte und entscheiden wir, was *wir selbst* tun oder lassen wollen[4].

Wenn wir unsere Kinder achten, ihnen auch zuhören, werden sie uns ihre täglichen Freuden und Leiden anvertrauen und können in diesem Angenommensein, diesem Heimatgefühl, wie der

---

4 Lieben – ermutigen – loslassen, Seite 117ff.

junge Vater (siehe auch Seite 119) es schildert, die alltäglichen Einschränkungen viel bereitwilliger entgegennehmen und uns mit einer kraftvollen und aufrechten Lebenshaltung antworten.

Es ist eine große Herausforderung, eine oft schwierige Gratwanderung, unsere Kinder auf ihrem Weg zu begleiten. Manchmal sind wir mutlos und erschöpft. Kinder sind keine Engel. Und doch: Immer wieder beglücken sie unsere Herzen mit ihrer Offenheit und Spontaneität, ihrer Fähigkeit, zu lieben und zu verzeihen, und ihrer Gabe, voll und ganz im Hier und Jetzt zu leben. Sie sind das schönste und kostbarste Geschenk, das uns das Leben anbieten kann. Gehen wir sorgsam mit ihnen um!

❖ ❖ ❖

Essgeschichten

Ein Vater erzählt im Elternseminar:

Unsere täglichen Mahlzeiten finden folgendermaßen statt:

Meine Frau »füttert« die zweijährige Lara im Wohnzimmer vor dem Fernseher, weil Lara sonst nicht essen würde. Meistens isst sie trotzdem nichts und verlangt nach Süßem, das sie auch bekommt, damit es kein Drama gibt.

Unser Sohn Raphael sollte eigentlich in der Küche essen. Doch er pendelt zwischen Küche und Wohnzimmer hin und her, um zu sehen, was im Fernseher läuft.

Meine Frau und ich essen nicht regelmäßig. Wer Hunger verspürt, holt sich etwas in der Küche. Wir finden, dass bei den Essgewohnheiten jeder Zwang ungut ist, sonst verdirbt es einem ja schon von vorneherein den Appetit.

Ein anderer Vater sagt:

Das stimmt mich nachdenklich. Für uns ist das Essen eine zentrale Angelegenheit. Wir setzen uns – wenn immer möglich – friedlich zusammen. Das bedeutet: War vorher Streit, versuchen wir, vor dem Essen noch reinen Tisch zu machen. Auch ein Mindestmaß an Tischsitten ist bei uns üblich. Wir sind bemüht, uns nicht gegenseitig ins Wort zu fallen, und versuchen, das Tischgespräch angenehm zu gestalten, was zwar nicht immer, aber doch recht oft gelingt.

Die Kinder haben das Recht, Speisen, die sie absolut nicht mögen, auszulassen. Anderseits ist es nicht erlaubt, auf dem Teller herumzumatschen.

Abwechselnd helfen die Kinder beim Abräumen. Zum Kaffee setzen sich meine Frau und ich ins Wohnzimmer, um noch dies und jenes zu besprechen.

Dabei wollen wir nicht gestört werden. Anschließend sind wir wieder für die Kinder da.

❖ ❖ ❖

»In fünf Minuten essen wir!«, ruft der Vater aus dem Küchenfenster. Er hat heute gekocht, weil die Mutter im Englischkurs ist.

Michelle reagiert nicht.

Fünf Minuten später:

»Michelle, in zwei Minuten essen wir!«

Keine Reaktion.

Fünf Minuten später:

»Die Zeit ist abgelaufen, Michelle. Es riecht ganz fein hier in der Küche! Es gibt das, was du am liebsten magst!«

»Was gibt es?«

»Geschnetzeltes mit Kartoffeln!«

Keine Reaktion.

Nach weiteren fünf Minuten:

»Michelle, ich esse jetzt!«

Der Vater beginnt zu essen. Er ist unsicher und auch wütend. Zwischendurch geht er immer wieder mal ans Fenster und ruft:

»Mmh, das Abendessen ist aber lecker!«

Dann räumt er ab.

Nachdem ihre Kameraden nach Hause gegangen sind, kommt

Michelle herein. Der Vater heißt sie die Hände waschen. Dann kommt sie in die Küche. Auf dem Tisch steht kein Essen mehr.

»Wo ist das Essen, Papa?! Ich bin hungrig!«

Der Vater überlegt: Draußen im Freien ist Michelle bestimmt hungrig geworden.

»Ausnahmsweise wärme ich es dir nochmals auf. Aber nur noch dieses eine Mal! Klar?«

»Das sagst du jedes Mal«, stellt Michelle fest und setzt sich an den Tisch.

Eine Woche später:

Vater bereitet das Abendessen zu, weil die Mutter im Englischkurs ist.

»In fünf Minuten essen wir«, ruft er aus dem Küchenfenster.

Michelle reagiert nicht …

❖ ❖ ❖

Zum Abendessen gibt es Reis, Gemüse und Huhn. Die fünfjährige Laura isst nichts und geht ohne Widerrede zu Bett. Sie weiß genau, wie sie es anstellen muss, um zu bekommen, was sie will. Als sich die Eltern ins Wohnzimmer setzen, geht sie zu Mama und sagt:

»Mama, mein Bäuchlein weint, weil es Hunger hat!«

Schnell geht die Mutter mit ihr an den Kühlschrank.

»Was möchte dein Bäuchlein denn haben, Laura?«

»Am liebsten ein Bananenjoghurt!«

Als Laura das Joghurt gegessen hat, sagt sie unschuldig:

»Mein Bäuchlein ist noch immer traurig, Mama. Hat es noch vom Kuchen?« Laura bekommt Kuchen.

Am folgenden Abend isst Laura wieder nicht und geht ohne Widerrede zu Bett. Sie weiß genau, wie sie es anstellen muss, um zu bekommen, was sie will. Als sich die Eltern ins Wohnzimmer setzen, geht sie zu Mama und sagt …

❖ ❖ ❖

Beim Essen turnt Pascal auf seinem Stuhl umher, purzelt hinunter und turnt dann weiter. Die Mutter stellt seinen Teller weg und sagt:

»Ich sehe, Pascal, du hast keinen Appetit.« Darauf Pascal:

»Mama, ich bin jetzt ganz artig!«

»Noch dieses eine Mal«, sagt Mutter und gibt ihm den Teller zurück.

Pascal turnt weiter. Mutter nimmt den Teller wieder weg. Pascal sagt:

»Aber diesmal bin ich ganz lieb!« Mutter schimpft:

»Dies ist deine letzte Chance«, und stellt ihm den Teller wieder hin.

Pascal turnt beim Essen auf seinem Stuhl umher …

❖ ❖ ❖

Ein Vater:

Was unsere eineinhalbjährige Désirée nicht essen mochte, warf sie stets auf den Boden. Seit ich ihr ein leeres Schälchen neben den Teller stelle, schöpft sie ihre Reste dort hinein und der Teppich bleibt sauber.

❖ ❖ ❖

Anna ist eine langsame Esserin. Das nervt die Eltern. Seit einiger Zeit stehen sie nach ihrer Mahlzeit auf, räumen ab und setzen sich mit ihrem Kaffee ins Wohnzimmer. Das tun sie, ohne zu drohen und ohne zu tadeln, einfach auf ganz selbstverständliche Weise. Anna isst zwar noch immer recht langsam und kommt dann, wenn sie fertig ist, zu den Eltern ins Wohnzimmer. Die täglichen Mahlzeiten haben aber aufgehört, Nervenkrieg Nummer eins zu sein.

❖ ❖ ❖

Einkaufsgeschichten

Vor der Kasse des Selbstbedienungsladens:

»Mama, ich will ein Eis!«

»Vor dem Mittagessen gibt es kein Eis.«

»Ich will aber eins!«

Die Mutter schweigt und hält die Blicke der Leute aus. Dani grollt. Da löst sich eine Frau aus der Warteschlange, holt ein Eis aus der Tiefkühltruhe und reicht es dem Kind. Die Mutter ist so überrascht, dass sie nichts dagegen unternimmt. Genießerisch leckt Dani an seinem Eis und sagt:

»Die Frau ist lieber!«

Bestimmt haben wir ähnliche Situationen auch schon beobachtet oder selbst erlebt. Begreiflicherweise war diese junge Mutter auf die Einmischung der fremden Dame nicht gefasst. Wird sie wieder einmal mit einer solchen Situation konfrontiert, wird sie wohl der fremden Dame das Eis zurückgeben und mit ruhiger Bestimmtheit sagen: »Vielen Dank. Aber mein Sohn bekommt jetzt kein Eis!«

❖ ❖ ❖

Mutter, Oma und der dreijährige Leon gehen einkaufen. Leon springt zwischen den Regalen hin und her.

Die Mutter mahnt:

»Umherspringen geht hier nicht, Leon. Du kannst dich in den Einkaufswagen setzen oder neben uns hergehen.«

»Ich will nebenher gehen!«

Kaum gesagt, will er wegspringen. Die Mutter packt ihn und setzt ihn in den Wagen. Leon schreit.

Energisch und gegen den Willen ihrer Tochter hebt Oma ihren Enkel wieder aus dem Wagen und siegesgewiss tollt er weiter in den Gängen umher.

Empört über diese Einmischung lässt die Mutter die beiden stehen, verlässt den Laden und geht nach Hause. Eine Stunde später kommt die erschöpfte Oma mit dem übel gelaunten, schokoladeverschmierten Leon nach.

Niedergeschlagen erzählt mir die Mutter von ihren zahlreichen erfolglosen Versuchen, die Großmutter davon zu überzeugen, nicht in Erziehungsangelegenheiten einzugreifen. Gezwungenermaßen reduziert sie ab sofort den Kontakt zu Leons Oma auf ein Minimum.

Schade. Das müsste nicht sein.
Liebe Großeltern, Ich möchte Sie hier ganz herzlich bitten, sich in Sachen Kindererziehung wie der »Waiter« zu verhalten[5]*. Bildlich gesprochen bedeutet das: In Gedanken ein paar Schritte zurücktreten, Schlösschen vor den Mund und Hände tief in den Hosentaschen vergraben!*
Es ist oft so sehr schwierig, tatenlos zuzusehen, denn Großeltern haben ja die ungleich größere Erfahrung als die jungen Eltern. Trotzdem: Es schadet der jungen Familie, wenn man mit Worten oder Taten in ihr Tun eingreift. Sollten Sie das Gefühl haben, es sei wirklich notwendig, den jungen Eltern in einer wichtigen Sache einen Hinweis zu geben, dann hilft es, den besten Moment dafür abzuwarten. Niemals sollte man solche Gespräche in Anwesenheit der Kinder führen.
Wenn Großeltern ihre verantwortungsvolle Aufgabe an ihren Enkelinnen und Enkeln wahrnehmen, sind sie ein wahrer Segen für die jungen Familien. Sie haben das Recht, die Freundschaft zu ihren Enkelinnen und Enkeln zu pflegen und sie nach Strich und Faden mit Liebe, Zeit und Zuwendung zu verwöhnen. Welch großen Reichtum und welch unerschöpfliche Quelle der Wärme, der Kraft und des Vertrauens geben sie damit den heranwachsenden Kindern in ihr Leben mit!
Liebe Großeltern, Ihre eigenen Eltern haben Fehler gemacht, Sie machten (und machen vielleicht noch immer?) Fehler, und

---

5 Lieben – ermutigen – loslassen, Seite 25ff.

auch Ihre Söhne und Töchter haben das Recht, aus eigenen Irrtümern zu lernen. Denken Sie an den »Waiter« und lassen Sie sie gewähren! Das ist eine große Kunst. Mit Ihrer Lebenserfahrung und der Liebe zu Ihren Kindern und Enkeln werden Sie es schaffen. Ich wünsche Ihnen dazu viel Freude und Segen!

❖ ❖ ❖

Hanno ist bei der Großmutter in den Ferien und sie gehen miteinander in den Supermarkt. Zu Omas Überraschung ist er dort recht ungezogen: Er nimmt Spielsachen aus dem Regal und rast damit in den Gängen umher. Dann zerrt er an den Kinderkleidchen, die am Ständer hängen. Zwei davon fallen zu Boden, und eine Verkäuferin kommt, um sie wieder aufzuhängen. Vor der Kasse streckt er einer älteren Dame die Zunge heraus.

Am folgenden Morgen zieht sich die Großmutter an, um wieder einkaufen zu gehen. Hanno sagt:

»Ich komme auch mit!«

»Heute gehe ich alleine.«

»Weshalb gehst du alleine?«

»Was denkst du?«

»Weil ich gestern unartig war?«

»Genau. Ich nehme keine Jungs mit, die sich nicht benehmen wollen.«

»Kann ich morgen wieder mitkommen?«

»Wir werden sehen. Es gibt immer wieder eine Chance.«

❖ ❖ ❖

Hotelgeschichten

Am Nebentisch sitzt eine junge Familie. Die Tochter, etwa dreijährig, will nicht essen. Der Vater sagt:

»Iss, sonst musst du auf dein Zimmer.«

Das Kind reagiert nicht, turnt herum, steigt dann von seinem Stuhl und hüpft im Restaurant umher.

»Setz dich auf deinen Stuhl, sonst musst du auf dein Zimmer!«

»Ich will Spaghetti!« Vater bestellt Spaghetti.

Das Mädchen nimmt sich einige davon und lässt den Rest stehen. Die Gabel fällt ihr zu Boden.

»Heb sie auf, sonst musst du auf dein Zimmer.« Sie lässt sie liegen.

»Ich will Kuchen.«

»Es gibt keinen Kuchen!«

Fünf Minuten später bekommt sie Kuchen. Im Stehen kostet sie ein wenig davon und springt dann weiter im Restaurant umher.

»Komm an den Tisch, sonst musst du auf dein Zimmer!«

Die Mutter schweigt und reibt sich die Schläfen.

Nachts weckt mich lautes Geschrei. Ich öffne das Fenster. Im Pyjama steht das Kind vom Nebentisch auf dem Balkon. Die Balkontüre ist geschlossen. Offenbar wurde es hinausgestellt, weil es ungezogen war.

Am folgenden Morgen entschuldigt sich die Mutter bei mir für die nächtliche Lärmbelästigung:

»Mein Mann sagt immer, Kindererziehung sei ein Pappenstiel, und er habe keine Ahnung, weshalb ich ein solches Aufheben davon mache. So habe ich die Obhut unserer Tochter für die Dauer dieses Wochenendes ganz allein ihm überlassen.«

❖ ❖ ❖

Vater, Mutter, die dreijährige Cilia und ihr kleiner Bruder sind im Restaurant. Cilia bekommt die bestellten Pommes frites mit Wienerwürstchen. Auf ihrem Teller liegt als Garnitur ein kleines Petersilienzweiglein. Cilia sagt:

»Dieses grüne Zeug mag ich nicht!«

Der Vater nimmt die Petersilie weg, doch Cilia rührt den Teller nicht an, weil Grünzeug drauf war. Sie turnt auf ihrem Stuhl umher und beginnt, andere Leute zu belästigen. Ruhig steht der Vater auf, nimmt Cilia bei der Hand und verlässt mit ihr das Restaurant. Draußen will sie auf die Schaukel steigen, doch Vater hält sie zurück und geht mit ihr recht zügig den Hügel hinauf und wieder zurück. Sie beschwert sich nicht, verlangt auch nicht, ins Restaurant zurückzugehen.

Am Abend gibt es Müsli und Brot. Cilia ist hungrig und isst. Sie kann es sich aber nicht verkneifen, zu murmeln:

»Ich hätte lieber die Pommes frites mit Würstchen.«

Die Eltern verzichten auf einen Kommentar. Vermutlich hat Cilia von alleine ihre Lehre aus der Geschichte gezogen.

❖ ❖ ❖

Die etwa zweijährige Lara spielt im Essen herum. Rund um den Teller verstreut liegen Nudeln und Fleisch. Ohne zu tadeln, stellt ihn die Mutter beiseite. Lara schaut ihm kurz nach und macht sich daran, die auf ihrem Platz verstreuten Nudeln aufzuessen. Sie spielt noch ein wenig mit ihrer Puppe und verlangt dann ihren Teller zurück. Die Mutter stellt ihn wieder hin, und Lara isst fertig, ohne weitere Unordnung zu veranstalten. Dann spielt sie wieder mit ihrer Puppe.

Das alles geschieht locker, selbstverständlich und in einem freundlichen Klima.

Die Mutter unterlässt es, ihre Tochter zu tadeln. Stattdessen handelt sie ruhig und wohlwollend. Sie weiß: Das Setzen von Grenzen muss dem Kind nicht um jeden Preis »wehtun« und nicht härter sein, als es die Situation erfordert. Manchmal geht es auch ganz »elegant«, wie es dieses Beispiel zeigt. So war es in dieser Situation nicht notwendig, strenge Maßnahmen zu ergreifen – es genügte, den Teller für eine kleine Weile zu entfernen.

❖ ❖ ❖

Kleinere und größere Frechheiten

Fiona, vierjährig, pflanzt sich vor ihrer Mutter auf und sagt:

»Muss ich immer zuerst schreien, bevor du machst, was ich will?«

❖ ❖ ❖

Der achtjährige Oscar: Bei mir zu Hause kann ich es mir locker leisten, sieben Mal hintereinander ungehorsam zu sein. Nur muss ich aufpassen, dass es keine Schläge setzt. Wenn ich Unfug mache, sagt mein Vater meistens: »Oscar, ich sage es dir kein zweites Mal!« Aber er droht immer mehrmals. Doch ich weiß genau, wie viel er verträgt, bis er mich verhaut. Dann tue ich schnell, was er will. Und am nächsten Tag mache ich doch wieder, was *ich* will.

❖ ❖ ❖

Die dreijährige, aufmüpfige Tina kommt mit dreckigen Schuhen nach Hause und soll sie vor dem Eintreten in die Wohnung ausziehen, doch sie weigert sich energisch. Mutter wartet eine Weile und sagt dann: »Tina, wenn du deine Schuhe ausgezogen hast, kannst du reinkommen.« Sie lehnt die Wohnungstür an, lässt Tina im Treppenhaus stehen und geht drinnen ihrer Arbeit nach. Tina tobt und tritt mit ihrer ganzen Kraft gegen die Tür. Dann zieht sie langsam ihre Schuhe aus, kommt damit in die Wohnung und schlägt die Tür von innen zu. Drinnen im Flur setzt sie sich trotzig auf den Teppich und schickt sich an, die Schuhe wieder anzuziehen. Ruhig und bestimmt nimmt die Mutter ihr die Schuhe ab und stellt sie ins Treppenhaus zurück. Wutschnaubend verschwindet Tina in ihrem Zimmer. Es dauert eine geraume Zeit, bis sie langsam wieder aus ihrer Höhle hervorkommt.

❖ ❖ ❖

Der sechsjährige Felix kritzelt mit seinem Kugelschreiber auf die neue, lederne Polstergruppe. Er versteht nicht, weshalb die Mutter sich so sehr darüber aufregt und grinst ihr ins Gesicht:

»Kann man sich denn wegen dieser paar Striche nicht mehr darauf setzen?«, fragt er frech.

Mutter schäumt, fasst sich wieder und sagt:

»Zieh dich an!«

Zu Fuß gehen sie zügig den weiten Weg ins Dorf hinauf und holen in der Drogerie ein Fleckenmittel. Auch den Rückweg machen sie zu Fuß. Wieder zu Hause muss Felix beim Entfernen der Striche auf dem Polstermöbel mithelfen. Der Kugelschreiber wird für einige Zeit entfernt.

❖ ❖ ❖

Bettgeschichten

Eine Mutter berichtet:

Weil unsere vierjährige Tochter krank war, haben wir sie für die Dauer von drei Wochen zu uns ins Bett genommen, was sie sich gerne gefallen ließ. Als sie es sich abgewöhnen sollte und wieder in ihrem eigenen Bett schlafen musste, gab ich ihr mein Kopfkissen mit. Es klappte.

❖ ❖ ❖

Ein Vater:

Weil unsere fünfjährige Leonie sehr krank war, durfte sie über einige Wochen in unserem Bett schlafen. Es kam aber die Zeit, wo wir endlich wieder allein sein wollten. So setzten wir uns mit ihr zusammen, um die Sache zu besprechen. Gemeinsam legten wir ein Datum fest, ab welchem sie wieder in ihrem eigenen Bett schlafen müsse. Mit ihrer Mithilfe fertigten wir einen Kalender an und strichen jeden Morgen einen Tag ab.

Als der Abend dann kam, an dem Leonie in ihr eigenes Bett ziehen sollte, bekam sie mein Pyjamaoberteil mit. Wir stellten den Wecker in den Flur und schauten jeweils nach einer Viertelstunde ganz kurz nach ihr, vorausgesetzt sie blieb im Bett und rief nicht nach uns. Am Morgen fand sie dann eine kleines Geschenk unter ihrem Kopfkissen.

Der Vater berichtet, es habe recht gut geklappt:

»Allerdings erforderte diese Umstellung unsere wohlwollend sichere und konsequente Haltung, sonst hätte es nicht funktioniert«, beteuert er der Elterngruppe.

❖ ❖ ❖

Ein Vater erzählt:

Unsere fünfjährige Lea wollte bei uns im Ehebett schlafen. Damit waren wir nicht einverstanden, doch sie versuchte es mit tausend neuen Einfällen zu erzwingen. Bis tief in die Nacht hinein gab es stundenlange Szenen, und wir fürchteten schon, dass sich unsere Nachbarn beschweren würden. Erfolglos versuchten wir, einen Kompromiss mit ihr auszuhandeln. Wir versprachen ihr, sie dürfe jeden Sonntag früh zu uns ins Bett kommen und wir würden ihr dann Geschichten erzählen. Ohne Erfolg. Wir legten ihr eine Matratze neben unser Bett. Sie benutzte sie nicht. In unserer Verzweiflung versprachen wir ihr sogar eine Reise zu Dritt, falls sie vernünftig sei und einen unserer Vorschläge akzeptiere. Alles schlug fehl. Am Schluss waren wir fix und fertig und erklärten ihr klipp und klar, das ihr Terror nun ein Ende habe.

Von diesem Tage an ignorierten wir jeden ihrer Versuche, uns umzustimmen. Wenn sie nach einer Terrornacht ihre Freundin zum Mittagessen einladen wollte, erwiderte meine Frau:

»Es wurde gestern spät, und ich bin zu müde, um auch noch für deine Freundin zu kochen.« Und wenn sie von mir ins Ballett gefahren werden wollte, sagte ich: »Lea, ich habe echt keine Lust, dich hinzufahren. Es wurde gestern spät.«

Die ganze Übung dauerte vier Tage, da war der Spuk vorbei. Und wir waren erstaunt, dass Lea auch in anderen Situationen begann, uns ernst zu nehmen.

❖ ❖ ❖

Eine Mutter:

Wir haben eine gesunde, kleine Tochter. Als sie etwa ein Jahr alt war, bekam sie Mühe mit dem Einschlafen, und wir gingen immer wieder zu ihr ans Bett, um zu sehen, wie es ihr geht. Ich besuchte mit ihr auch den Arzt, um mich zu vergewissern, dass mit ihr alles in Ordnung war. Er sagte kurz und bündig:

»Ihrem Kind fehlt nichts. Nun, Sie haben die Wahl: Entweder Sie sind jetzt konsequent mit Ihrer Tochter, dann dauert die Gewöhnung an ein gesundes Schlafverhalten voraussichtlich eine Woche. Andernfalls werden Ihre schlaflosen Nächte, und auch die Ihres Kindes, wohl Monate oder Jahre dauern.«

Wir entschieden uns für Variante Nummer eins. Die ersten drei Nächte waren hart. Nach einer Woche schlief sie problemlos durch. Wir sind heilfroh über unsere Entscheidung.

❖ ❖ ❖

Am Sonntagmorgen turnt Samuel bei seinen Eltern auf dem Bett herum. Einmal trifft er die Mutter mit dem Fuß am Kopf, und sie sagt: »Hör auf, Samuel, das tut weh!«

Samuel lacht und tritt sie gleich noch einmal, diesmal mit voller Absicht, ins Gesicht. Die Eltern tauschen einen Blick. Kommentarlos verlassen sie das Schlafzimmer und bereiten in der Küche das Frühstück zu. Als auch Samuel zum Essen kommt, sagt Vater:

»Samuel, wir wollen nicht mit einem Jungen frühstücken, der seiner Mutter wehtut. Du kannst nachher essen.«

Samuel tut es nicht wieder.

❖ ❖ ❖

Eine Mutter erzählt mir:

Bis vor kurzem kam unser Vierjähriger jede Nacht zu uns ins Schlafzimmer, stand einfach vor meinem Bett und wollte hinein. Aber dann war ich eines Tages nicht mehr willens, mir meinen Schlaf rauben zu lassen, und ich sagte ruhig und bestimmt:

»Maximilian, ich sage dir jetzt etwas ganz Wichtiges. Wenn du in der Nacht zu mir ans Bett kommst, wache ich auf, und dann kann ich nicht mehr einschlafen, und am nächsten Tag bin ich müde und gereizt, und wir bekommen Streit. Ich erwarte von dir, dass du gleich wieder in dein eigenes Bett schlüpfst, wenn du nachts auf die Toilette musst. Du nimmst dann einfach deinen Bären und schläfst weiter. Und wenn der Wecker rasselt, darfst du zu mir kommen und kuscheln.«

Maximilian sagte »ja« und ging spielen. Nachts blieb sein Besuch aus. Es stimmt also wirklich: Wenn ich schon von vornherein zittere und bange, ob das Kind auf mich hören wird, läuft die Sache schief. Doch wenn ich mich ruhig und sicher fühle und daran *glaube*, dass es mich ernst nehmen wird, dann wird es mich auch ernst nehmen.

Doch wie schaffe ich es, dass mir meine Kinder gehorchen? Was kann ich tun, dass ich diese ewige Angst, das Kind werde ja doch nicht auf mich hören, verlieren kann? So fragen mich immer wieder Mütter und auch Väter.

Weshalb tun wir uns so schwer, unseren Kindern gegenüber ruhig und standhaft zu bleiben? Hindert uns daran vielleicht unsere Furcht, »böse« Eltern zu sein? Oder setzen wir eine konsequente Haltung mit Kälte und Härte gleich? Kommt uns die Furcht in die Quere, das Kind würde uns seine Liebe entziehen, wenn wir ihm einen Wunsch versagen?

Immer wieder haben wir erfahren, dass es sich nicht lohnt, »dem Frieden zuliebe« nachzugeben, denn beim nächsten Versuch, Grenzen zu setzen, werden wir erneut dieselben qualvollen Szenen ertragen müssen, und wieder, und immer wieder. Wir verhandeln, versuchen es mit Freundlichkeit und Zureden. Doch in uns wächst eine Spannung, die unerträglich wird, je länger das Tauziehen zwischen uns und unseren Kindern andauert. Und über kurz oder lang brennt uns die Sicherung durch, und wir verhalten uns so, wie wir es nie wollten: Wir schreien, verletzen die Kinder mit ungerechten Worten, knallen Türen, und schlagen in unserer großen Verzweiflung vielleicht auch zu. Das bedeutet, dass wir mit unseren Kindern schlussendlich ungleich härter umgehen, als wir es mit einer wohlwollend-konsequenten Haltung hätten bewältigen können …

Das muss nicht sein!

Für uns ist es wichtig, zu wissen, dass die Kinder unsere Unsicherheit nicht mit Liebe und Rücksichtnahme belohnen. Sie antworten uns, indem sie Macht auf uns ausüben, oft sehr große Macht. Und wie ich am Anfang dieses Kapitels erwähnt habe, wäre es ein folgenschwerer Trugschluss, zu glauben, dass das Kind ganz von alleine vernünftig wird, sobald es zum Erwachsenen heranwächst. Tatsache ist, dass die kleinen Quälgeister zu großen Tyrannen heranwachsen, die nie gelernt haben, auf andere Rücksicht zu nehmen, und denen man besser aus dem Wege geht. Tatsache ist auch, dass diese jungen Menschen mit den Härten des Lebens »draußen« schwerlich zurechtkommen, vielleicht daran zerbrechen, vielleicht auch ohne wahre Freunde durchs Leben gehen müssen. Das wollen wir nicht.

Das Begleiten unserer Kinder ist zum größten Teil Erziehung an uns selbst. Kinder können sich keine schwachen Eltern und Erzieher leisten, sonst werden sie tief in ihrer Seele krank. Was sie brauchen, das sind starke, mutige Vorbilder, an denen sie sich orientieren und Halt, Sicherheit und Geborgenheit finden können.

Ich möchte Sie ganz herzlich dazu ermutigen, im Buch »Lieben – ermutigen – loslassen« das Kapitel Grenzen[6] nochmals zu lesen und die Ratschläge Schritt für Schritt in Ihren Familienalltag einzubauen. Versuchen Sie, darauf zu vertrauen, dass ein wohlwollend-

6 Lieben – ermutigen – loslassen, Seite 62–139

konsequenter Erziehungsstil ein freundlicher Erziehungsstil ist und nichts mit Härte und Gefühlskälte zu tun hat. Die Erfahrung zeigt, dass Kinder liebevoll-sicherer Eltern ungleich glücklicher, zufriedener und ausgeglichener heranwachsen und von ihren Eltern mit einem ungleich kleineren Aufwand an Energie und Stress begleitet werden können.

❖ ❖ ❖

… und andere Geschichten

Die angehenden Erstklässler dürfen jeden Dienstag ihren neuen Schulranzen in den Kindergarten mitbringen. Julia will ihn auch am Mittwoch mitnehmen. Die Mutter ist nicht einverstanden:

»Jetzt hör mal«, redet sie Julia zu, »die Kindergärtnerin hat ausdrücklich gesagt, man dürfe ihn nur am Dienstag mitbringen. Du kannst nicht die ganze Zeit gegen den Strom schwimmen! Die anderen Kinder lassen ihn heute auch zu Hause. Also sei jetzt lieb und mach dich bereit!«

»Ich nehme ihn aber doch mit!«, schreit Julia und hängt ihn um.

»Ich habe gesagt, er bleibt hier!« Die Mutter versucht, ihn ihr wegzureißen: Julia schlägt wild um sich und schreit.

Mutter gibt ihr einen Klaps und brüllt: »Dann mach doch, was du willst!«

Julia zieht sich in ihr Zimmer zurück und wirft ihr Spielzeug an die Wand. Dann kommt sie zu Mutter ins Badezimmer und schreit:

»Du bist wie Hera!«

»Wie Hera?«

»Ja! Du kuschst am Ende doch immer wie Hera!«

Hera ist die Hündin der Familie.

❖ ❖ ❖

Ein Vater:

Mein 2½-jähriger Sohn haut mit seinem Hammer überall drauf. Auf den Glastisch zum Beispiel und auf die Möbel im Wohnzimmer. Die Toilette hat einen Sprung abbekommen und eine Vase ist kaputt. Aber ich kann es ihm doch nicht verbieten! Hat er denn nicht das Recht, die Beschaffenheit von Material wie Holz, Stein, Plastik, Metall, Glas auszuprobieren? Doch gestern schlug er seiner Schwester mit dem Hammer auf den Kopf. Was soll ich tun?

Eine Seminarteilnehmerin lächelt: »Den Hammer wegnehmen«, sagt sie freundlich.

❖ ❖ ❖

Eine Mutter fragt mich:

Ich habe immer gedacht, man müsse Kinder mindestens drei Mal vorwarnen, bevor man handelt. Zum Beispiel habe ich Zita (6 Jahre alt), wenn sie mich beim Telefonieren störte, drei Mal vorgewarnt, bevor sie die Konsequenzen ihres Verhaltens zu tragen hatte.

Gestern hatten wir Besuch. Beim Essen patschte sie mit voller Absicht mit dem Löffel in den Schokoladenpudding und das Kleid unserer Besucherin bekam einen Spritzer ab. Da nahm mein Mann sie energisch an der Hand und schickte sie in ihr Zimmer. Dort schrie sie und trat mit den Füßen gegen die Tür. Ich ging zu ihr nach oben und fragte sie, weshalb sie sich so unmöglich verhalte.

»Papa ist gemein!«, schrie sie mich an. »Er hätte mich drei Mal vorwarnen müssen, bevor er mich ins Zimmer schickte!«

Es ist eine weit verbreitete Annahme, man tue dem Kind Unrecht, wenn man es nicht mehrmals vorwarnt, bevor man auf sein unerwünschtes Verhalten mit Konsequenz antwortet. Die Kinder merken sich das aber sehr wohl und nützen unsere »Gutmütigkeit« aus, wie es auch das drastische Beispiel von Oscar (Seite 34) schil-

dert. Sie werden uns nicht ernst nehmen und unsere Grenzen genau so oft missachten, wie wir es zulassen!

❖ ❖ ❖

Ein wunderschöner Frühlingsgarten mit Osterglocken und Primeln. Ein Schild:

»Wir freuen uns über unseren schönen Rasen und bitten Sie, ihn nicht zu betreten. Vielen Dank«

Trotzdem lassen zwei Mütter ihre etwa vierjährigen Kinder auf dem Rasen umherhüpfen und Blumen abzupfen. Der verärgerte Hauseigentümer macht die Mütter auf die Tafel aufmerksam und bittet sie, die Kinder vom Rasen wegzurufen. Die Kinder wollen wissen, was der Mann sagte.

»Der hat schlechte Laune«, antwortet eine der Mütter.

❖ ❖ ❖

Eine Mutter schreibt mir:

Liebe Frau Maier,

Sie haben mir damals davon abgeraten, unserer Valeria für die Nacht ihr Fläschchen mit Zuckersaft ins Bett mitzugeben, und wir wollten es ihr abgewöhnen. Obwohl wir wussten, wie schlecht dieser Saft für die Zähne ist, gaben wir, wohl aus Unsicherheit und Bequemlichkeit, dann aber ihrem Protest nach und gewährten ihr weiterhin das süße Getränk.

Inzwischen ist Valeria zwei Jahre alt. Vor etwa einem Monat haben wir vorne an ihren Schneidezähnen Karies festgestellt. Sofort habe ich nur noch Wasser in ihre Flasche gegeben. Drei Nächte lang machte uns Valerias »Gemecker« zu schaffen, und auch am Tag hörten wir nur das eine Wort: »Saft!« Wir erklärten ihr, weshalb es ihn nicht mehr gebe, und blieben fest. Viel leichter, als wir dachten, hat sie die Umstellung akzeptiert und sich daran gewöhnt. Selbstverständlich bekommt sie hin und wieder ein süßes Getränk, keinesfalls aber in der Nacht.

Uns hatte damals der Durchhaltewille gefehlt. Und es ist mir heute klar, dass wir im Grunde nicht unsere Tochter, sondern uns selbst geschont haben. Ich denke, ich habe daraus gelernt.

Falls Sie Ihrem Kind ein süßes Getränk abgewöhnen müssen, geht es am besten, wenn Sie es jeden Tag mit ein wenig mehr Wasser verdünnen. Das Kind wird es kaum realisieren und sich recht leicht an die Umstellung gewöhnen. Übrigens: auch saure Getränke, wie z.B. Früchtetee, können, besonders in der Nacht, den Zähnen Ihres Kindes schaden.

❖ ❖ ❖

Tamara (12 Jahre) und Svenja (10 Jahre) malen in der Küche. Als sie anschließend spielen gehen, sieht die Küche wie ein Schlachtfeld aus: Der Tisch, die Stühle, der Boden und das Handtuch sind mit Farbe verschmiert, und Malkasten, Pinsel, Papierbogen, Scheren und Stifte liegen herum. Die Mutter kommt nach Hause und sieht die Bescherung.

»In dieser Küche mag ich nicht kochen«, sagt sie, und setzt sich mit der Zeitung ins Wohnzimmer. Die beiden Mädchen reagieren nicht und die Küche bleibt unaufgeräumt.

Als der Vater nach Hause kommt, zieht ihn die Mutter ins Wohnzimmer und bespricht die Sache kurz mit ihm. Sie machen sich zum Ausgehen bereit und sagen zu ihren Töchtern:

»Wir gehen essen!«

Beim Italiener machen sie sich einen netten Abend, und als sie nach Hause kommen, ist die Küche aufgeräumt. Mit ihrem improvisierten Abendessen, bestehend aus Brot und Käse, sitzen die Töchter auf dem Balkon.

❖ ❖ ❖

Gert, 9-jährig, kommt immer dann mit Fragen zu seiner Mutter, wenn sie ihre Schreibarbeiten für den Korrespondenzkurs erledigt. Das reißt sie jedes Mal aus ihrer Konzentration und sie verliert den Faden. Sie sagt:

»Gert, ich kann nicht arbeiten, wenn du mich immer wieder unterbrichst. Schreib bitte alle deine Fragen auf. In einer halben Stunde habe ich Zeit für dich.«

Sie schließt ihre Türe und lässt sich nicht mehr stören. Als sie ihre Arbeit nach einer halben Stunde unterbricht und sich Gert zuwendet, ist er am Spielen. Er hatte keine Lust, sich alle Fragen zu notieren, und sie sind inzwischen auf einige wesentliche zusammengeschrumpft.

❖ ❖ ❖

Eine Mutter von drei Kindern erzählt:

Ich kam prustend mit dem übervollen Wäschekorb nach oben. An meinem linken Arm baumelte noch der Wäscheständer. Vor unserer Haustür stand das Fahrrad meiner Söhne. Gerade kam Dorian, unser Ältester, ins Treppenhaus, und ich sagte: »Bitte Dorian, stell das Fahrrad beiseite, damit ich durchkann.«

»Wieso ich?«, kam als Antwort, und er machte keine Anstalten, das Rad beiseite zu stellen.

Voller Wut stieß ich das Fahrrad weg.

Da rackert man sich den ganzen Tag für diese Gören ab, brütete ich vor mich hin, und dann sind sie zu faul, nur einen Finger für mich zu rühren.

Streik! Ich legte mich aufs Sofa und vertiefte mich in eine Zeitung. Für die Kinder ein ungewohnter Anblick und vom Flur her starrten sie mich entsetzt an. Dorian fasste sich zuerst und fragte:

»Mama, was gibt es heute zum Abendessen? Wir haben Hunger.«

»Weshalb soll ich kochen?«, zischte ich zurück und würdigte ihn keines Blickes.

Verdutzt blieben sie noch eine Weile stehen. Dann ging Dorian in die Küche, holte Brot, das Brotmesser, Marmelade, Käse und Butter hervor.

»Das Abendessen ist fertig!«, verkündete er. Da konnte ich ihm nicht mehr so richtig böse sein. Nach dem Essen verließ ich die Küche und begab mich ins Wohnzimmer, um zu bügeln. Ich war gespannt, was die Kinder jetzt tun würden und staunte nicht schlecht, als sie abräumten, das Geschirr spülten und den Tisch abwischten. Somit verflog auch noch der Rest meines Grolls und ich war mit meiner geliebten Rasselbande wieder versöhnt.

❖ ❖ ❖

In einem Workshop erzählt eine Mutter:

Unsere neunjährige Saskia hört mir nie zu. Wenn ich zum Essen rufe, spielt sie einfach weiter und ich muss es ihr später nochmals aufwärmen. Gestern im Supermarkt bat ich sie etwa sieben Mal, sie solle nun endlich kommen, ich müsse nach Hause. Sie reagiert auch nicht, wenn ich sie bitte, die Schulaufgaben zu machen oder ihr Zimmer aufzuräumen. Alles muss ich ihr hundertmal sagen! Oder könnte es vielleicht sein, dass sie so sehr verträumt ist? Oder dass vielleicht mit ihrem Gehör etwas nicht stimmt?

Eine Weile ist es still im Kursraum. Dann sagt ein Vater:

»Sag nächstes Mal ganz, ganz, ganz leise nur das eine Wort zu ihr: ›Schokolade‹.«

Die Mutter versteht den Wink und befolgt am nächsten Morgen den Rat. Saskia reagiert sofort und verlangt die Schokolade.

Der Mutter fällt es wie Schuppen von den Augen.

In der Gruppe erzählt sie dann:

»Für eine Woche musste ich hart an mir arbeiten, um sie nur noch ein Mal um etwas zu bitten. Wenn sie nicht zum Essen kommt, wird abgeräumt. Nach dem Einkaufen rufe ich ein Mal nach ihr und gehe dann gleich nach Hause. Und die Schulaufgaben werden gleich nach dem Mittagessen gemacht. Doch ihr könnt mir glauben, es ging nicht ohne Kampf ab.«

Und schmunzelnd meint sie: »Meine Tochter ist definitiv weder verträumt noch hörgeschädigt.«

❖ ❖ ❖

Eine Mutter schildert die kooperative Haltung ihres Sohnes so:

Unser achtjähriger Sohn hängte seine Jacke erst dann auf den Bügel, wenn ich ihn dazu aufforderte. Sonst ließ er sie auf den Boden fallen, wo sie dann über Stunden liegen blieb. Als mir mein Schimpfen und Zetern zum Hals heraushing, besprachen wir die Sache. Adrian meinte:

»Weißt du Mama, mich stört es echt nicht, wenn die Jacke auf dem Boden liegt. Du kannst es mir doch ganz einfach gleich tun und dich auch nicht stören lassen!«

»Das eben kann ich nicht, weil es mich ärgert, sie über Stunden auf dem Boden liegen zu sehen.«

»Dann kannst du es mir ja sagen und dann hänge ich sie auf«, bot er mir großzügig an.

»Genau das mag ich nicht. Es nervt mich, wenn ich es dir jeden Tag mindestens dreimal sagen muss!«

Adrian dachte nach. Dann ging er zum Schrank und holte einen kleinen Block hervor.

Auf jede Seite schrieb er: »Jacke aufgehängt!«

Dann verkündete er:

»Jedes Mal, wenn ich meine Jacke aufhänge, reiße ich einen Zettel ab und klebe ihn an meine Türe. Du wirst sehen, bald ist sie ganz voll davon!«

Er vergaß seine Jacke tatsächlich nur noch hin und wieder. Und ich denke, dass es vernünftig ist, Kinder in Probleme einzubeziehen, statt zu schimpfen und zu zetern.

❖ ❖ ❖

Eine Mutter erzählt:

Immer wieder biss mich die zweijährige Sophie in den Arm. Ich dachte, sie sei noch zu klein, um zu begreifen, dass das wehtut, und dass sie es unterlassen soll. Eines Tages jedoch, als sie wieder herzhaft zubiss, sagte ich:

»Schau Sophie, das tut weh!«

Ich nahm ihren Arm und biss ein wenig hinein, aggressionslos, und gerade so fest, dass sie es genügend spürte, um zu begreifen. Erstaunt schaute sie mich an und ging dann spielen.

Etwas später wollte Sophie wieder zubeißen, besann sich, hielt inne und sagte: »Beißen tut weh!« Dann lachte sie und ging spielen. Sie beißt nicht mehr.

❖ ❖ ❖

Simon ist Vater von zwei gesunden, lebendigen und unternehmungslustigen Jungs. Wenn sie allzu sehr aufdrehen, gibt es eine Auszeit und jeder muss in sein Zimmer. Dazu hat Simon ein Lichtsignal mit eingebauter Uhr gebastelt. Bei Grün dürfen sie ihr Zimmer wieder verlassen.

❖ ❖ ❖

»Wenn meine Kinder mit Kraftausdrücken um sich werfen«, erzählt eine Mutter, »schicke ich sie in ihr Zimmer. Unter ihrer Bettdecke, und mit geschlossener Türe, dürfen sie fluchen, was das Zeug hält. ›Erleichtert‹ kommen sie dann wieder zurück.«

❖ ❖ ❖

»Bei uns zu Hause gibt es rosa und rote Grenzen. Bei den rosa Grenzen kann man auch einmal ein Auge zudrücken. Die roten Grenzen sind unumstößlich.«

❖ ❖ ❖

Eine Mutter berichtet folgende Schnullergeschichte:

Unsere vierjährige Maria hatte auch tagsüber noch den Schnuller im Mund. Sie mochte ihn weder dem Weihnachtsmann noch dem Zahnarzt abgeben. Da hatte ich eine Idee. Wir verzierten eine kleine Schachtel mit Bändern, Knöpfen und Pailletten und legten den Schnuller hinein. Hinter dem Haus gruben wir die Schnullerschachtel tief in die Erde und setzten darüber ein Bäumchen, das wir Schnullerbaum nannten.

❖ ❖ ❖

Ein Ehepaar, das einen meiner Workshops besucht hatte, schickt mir folgende E-Mail:

Seit einiger Zeit war unsere neunjährige Vanessa sehr frech. Sie nannte uns »Dummköpfe« und Schlimmeres. Wenn sie deswegen auf ihr Zimmer sollte, weigerte sie sich stur. Einmal hatten wir genug von ihrem Terror. Wir verließen die Wohnung – ihre ältere Schwester war noch da – und fuhren mit dem Rad durch den Wald. Als wir wieder zu Hause ankamen, hatten wir uns beruhigt und auch Vanessa verhielt sich für den Rest des Tages ziemlich annehmbar.

Das war eine Lehre für uns. Wir stellten fest, dass auch wir unsere Auszeit benötigen. Eine Auszeit, um uns zurückzunehmen, nicht aus Trotz gegen unser Kind, sondern als Erholung für uns selbst.

Auszeit hat, das haben wir festgestellt, mit Loslassen zu tun. Bisher hatten wir uns einseitig und fast zwanghaft auf unsere Vanessa konzentriert, wie ein Scheinwerfer auf den Akteur. Und der Akteur, das war eindeutig Vanessa.

Ja, es ist eine Tatsache, dass die Erziehung unserer Kinder in erster Linie Erziehung an uns selbst bedeutet. An dieser Arbeit sind wir jetzt. Wir lassen unserer wunderbaren Tochter viel Freiraum und setzen ihr klare Grenzen. Daneben hören wir ihr jeden Abend am Bett zu, ohne wie früher selbst zu referieren.

Wir sorgen nun auch für uns selbst und sind entspannter. Neu ist, dass es bei uns zu Hause viel zu lachen gibt, was früher vor lauter Stress kaum mehr Platz hatte.

❖ ❖ ❖

Berthe darf selbst entscheiden, was sie anziehen will. In letzter Zeit aber nimmt sie sich jeden Tag ein neues Kleid aus dem Schrank. Gestern entschied sie sich für das rote. Doch nach einer Weile zog sie es wieder aus:

»Dieses Kleid ist nicht ›cool‹. Ich ziehe doch lieber das blaue an!«

Und dann riss sie auch noch das geblümte Kleid aus dem Schrank.

Durch dieses ständige Hin und Her wird es dann allmählich Zeit für die Schule und wir bekommen jeden Morgen Streit. Das läuft nun schon seit einiger Zeit so.

So sagte ich gestern zu ihr:

»Berthe, du hast dich für das rote Kleid entschieden. Jetzt bleibt es dabei.«

Ich setzte meine Arbeit fort und blieb fest. Berthe murrte und trödelte und stand in Hemdchen und Höschen da.

Ich wusste, dass gleich der Schulbus eintreffen würde, war aber entschlossen, zu schweigen und konsequent zu bleiben. Das brauchte Nerven wie Drahtseile! Als der Bus bei uns anhielt, streifte sich Berthe blitzschnell das rote Kleid über, schlüpfte in ihre Schuhe und erreichte ihn in allerletzter Minute.

❖ ❖ ❖

Ein Vater:

Auch in unserer Familie gibt es Regeln, die aber stets Anlass zu Streit waren. Da habe ich mir etwas ausgedacht: Ich fabrizierte eine große Tafel und schrieb auf die linke Seite unsere sieben wichtigsten Familienregeln. Für den Kleinsten, der noch nicht lesen kann, zeichnete ich die Regeln mittels Symbolen rechts daneben. Beim Übertreten einer Regel bekommt man eine blaue Karte. Wenn man drei blaue Karten hat, gibt es eine rote. Für eine rote Karte muss man abwaschen oder im Garten helfen oder staubsaugen oder sonst was. Ich hängte die Tafel in den Flur.

Auch wir Erwachsenen müssen die Regeln einhalten. Die Kinder haben das Recht, auch uns Karten zu geben. Das funktioniert schon seit einem halben Jahr ganz ordentlich.

❖ ❖ ❖

Die dreijährige Liliane spuckt wiederholt ihren Eltern ins Gesicht. Trotz allen Zuredens tut sie es immer wieder. Als sie ihren Vater wieder anspuckt, stellt er sie kurz entschlossen vor die Haustüre und sagt: »Bei uns zu Hause spuckt man nicht. Hier draußen kannst du spucken, so viel du willst.«

Nach fünf Minuten lässt er sie wieder ins Haus hinein.

Am darauf folgenden Tag spuckt Liliane ihre Mutter an. Die Mutter reagiert, wie es gestern ihr Mann tat. Seither spuckt Liliane nicht mehr.

❖ ❖ ❖

Eine Mutter hat größte Mühe, konsequent zu bleiben. Ihre temperamentvolle Tochter fordert sie nach Strich und Faden heraus und die Mutter ist am Ende ihrer Kräfte. Sie schimpft, droht und weint. Alles ohne Erfolg. Eine Freundin sagt zu ihr:

»Morgen kannst du Clara anschreien und ihr drohen. Du kannst tun, was immer du willst. Aber ein einziges Mal, ein allereinziges Mal solltest du dich anders verhalten, anders, als du es bis heute getan hast.«

Am folgenden Tag schimpft und droht die Mutter wiederum. Doch dann, als Clara auf dem Spielplatz ihre Freundin vom Kletterturm stößt, tut sie etwas anderes, Unerwartetes. Ruhig und entschlossen und ohne viel Worte nimmt sie ihre protestierende Tochter an die Hand und geht mit ihr nach Hause. Da spürt sie eine große Erleichterung in sich aufsteigen und sie bekommt endlich ein wenig Luft. Es ist ihr erster Erfolg – ein Durchbruch, ein Anfang!

❖ ❖ ❖

Eine andere Mutter erzählt von ihrem Dorian:

Um mich herauszufordern, warf unser Dorian kurz vor dem Nachtessen noch schnell die Legokiste um. Dann kam er ins Esszimmer und wollte sich an den Tisch setzen. Ich sagte:

»Dorian, dort liegen noch die Legosteine auf dem Boden.«

Dorian rührte sich zuerst nicht, schickte sich dann aber doch an, im Zeitlupentempo ein paar wenige Teile in die Kiste zu befördern. Als er sah, dass wir zu essen begannen, meinte er:

»Ihr sollt nicht essen, wenn ich noch am Aufräumen bin!«

»Das ist kein Problem«, meinte ich ruhig, »du kannst ja nachkommen, wenn du fertig bist.«

Es gab ein Riesengeschrei. Immer wieder kam er zu uns an den Tisch. Es verlangte uns viel Kraft ab, durchzuhalten.

Inzwischen waren wir mit dem Essen fertig und setzten uns mit seiner Schwester Olivia an den Fernseher, um mit ihr den Kinderfilm anzuschauen. Dorian zupfte mich am Ärmel und fragte:

»Läuft die Gutenachtgeschichte noch immer, wenn ich fertig bin?«

»Das kann ich dir nicht sagen. Ich weiß nicht, wann du fertig bist.«

Schnell warf Dorian die Legoteile in die Kiste, wusch sich die Hände und bekam in der Küche noch einen Teller Nudeln. Der Film war inzwischen zu Ende. Doch wir hatten noch genügend Zeit für ein zufriedenes Abendritual.

❖ ❖ ❖

Eine Mutter:

Ärgerlich kam unser Paul gestern von der Schule nach Hause und schlug seine Schwester im Vorbeigehen auf den Kopf, ohne Grund, einfach so. Ich schickte ihn in sein Zimmer. Er sagte:

»Es tut mir Leid, ich mach es nicht wieder.«

Ich war gerührt und erließ ihm den Zimmerarrest. Eine Minute darauf schlug er seine Schwester erneut.

Abends besprach ich die Sache mit meinem Mann.

Am folgenden Tag wiederholte sich die genau gleiche Szene und ich schickte ihn wieder in sein Zimmer. Er sagte:

»Es tut mir Leid, ich mache es nicht wieder.«

»Das ist gut, Paul«, sagte ich, »ich komme in einer halben Stunde zu dir ins Zimmer und dann reden wir darüber.«

Paul war erstaunt über mein neues Verhalten, aber er akzeptierte es. Eine halbe Stunde später unterhielten wir uns über den Vorfall. Paul entschuldigte sich bei seiner Schwester.

❖ ❖ ❖

Sehr wortreich erklärt ein Vater seinem Nicolas, weshalb er nach dem Abendbrot nicht mehr ins Freie dürfe. Da sagt Nicolas:

»Papa, es ist besser, du sagst einfach ›nein!‹.«

❖ ❖ ❖

Ein anderer Vater:

Wir können unsere Kinder auch einmal »auf die Nase fliegen« lassen, da wo wir es verantworten können. Das sind für sie Grenzen, die sie nicht von uns gesetzt bekommen.

❖ ❖ ❖

Eine Mutter, die ihre Kinder sehr verwöhnte, erzählt uns folgende, für sie sehr heilsame Geschichte:

Ich freute mich auf die Party, zu der ich mehrere Frauen eingeladen hatte und ich hatte mich auch gut darauf vorbereitet. Ich sprach mit meinen Kindern und erklärte ihnen, dass dieser Abend für mich wichtig sei und dass sie sich anständig benehmen sollten. Ich machte ihnen ein gutes Abendessen und um 20 Uhr sollten sie im Bett sein. Selbstverständlich trödelten sie und ich beförderte sie recht energisch in ihre Betten.

Als die ersten Besucherinnen eintrafen, kam Priska aus ihrem Zimmer:

»Mama, ich habe Durst!«

»Du hast soeben getrunken! Geh zurück in dein Bett!« Priska begann zu wimmern.

»Dann hol dir etwas!« Priska holte sich ein Glas Milch und blieb bei den Gästen stehen.

»Geh zu Bett, Priska!«

»Ich habe noch Hunger!«

»Du hast soeben gegessen!«

»Ich habe aber noch großen Hunger!«

»Dann hol dir was!« Priska holte sich ein Stück Apfelkuchen und krümelte auf den Boden.

»Du gehst jetzt sofort zu Bett, Priska!«

Inzwischen kam auch Sandro aus seinem Zimmer.

Nichts funktionierte mehr. Die Kinder rannten umher, machten mit hundert Ungezogenheiten auf sich aufmerksam und störten die Party ganz massiv. Ich sagte ihnen immer wieder, sie sollten zu Bett gehen, doch sie hörten schon gar nicht zu. Ich kochte vor Wut.

Inzwischen kam mein Mann nach Hause. Ganz verzweifelt bat ich ihn:

»Bitte bring die Kinder in ihre Betten! Sie verderben mir die ganze Party!« Doch mein Mann war nicht dazu zu bewegen: »Nellie, jetzt schau du selber, wie du mit ihnen zurechtkommst!«

Er zog sich ins Arbeitszimmer zurück und ich hasste ihn abgrundtief!

Nach der missglückten Party ging ich enttäuscht zu Bett, ohne meinem Mann eine gute Nacht zu wünschen.

Um zwei Uhr erwachte ich und konnte nicht mehr einschlafen. Der verpfuschte Abend beschäftigte mich sehr. »Wie kommt es, dass meine Kinder so frech und rücksichtslos gegen mich sind?«

Ich setzte mich ins Wohnzimmer und dachte nach. Im Grunde hatte mein Mann Recht, dass er mich die Folge meines eigenen Erziehungsstils ausbaden ließ. Doch wie finde ich aus diesem ganzen Schlamassel heraus?

Eine Hand legte sich auf meine Schulter. Ich war auf dem Sofa eingeschlafen und mein Mann stand neben mir. Der Morgen graute bereits.

»Du hast Kummer wegen gestern?«, fragte er und setzte sich neben mich. Da verflog mein Ärger und ich ließ meinen Tränen freien Lauf. Unser darauf folgendes Gespräch war fruchtbar.

Nach dem Frühstück – es war Sonntag – sagte ich zu meinen Kindern:

»Priska und Sandro, ich habe mich gestern über euch geärgert. Und ich habe heute echt keine Lust, mit euch ins Schwimmbad zu gehen. Ihr bleibt zu Hause, und zwar jeder in seinem Zimmer.«

Mein Mann und ich waren uns bewusst, dass auch wir auf einen schönen Sonntag im Schwimmbad verzichten mussten. Er war mir auch keineswegs böse, sondern unterstützte mich in meinen Bemühungen um einen konsequenteren Erziehungsstil.

❖ ❖ ❖

3.
Das Ungefähre meiden!

Es geht darum, sich selbst ernst zu nehmen, sich selbst zu glauben und zu meinen, was man sagt.

In einem Elternseminar in Konstanz teilten sich die Teilnehmerinnen und Teilnehmer in zwei Gruppen auf. Für ihr Gesprächsthema setzte ich ihnen ein Zeitlimit von einer Viertelstunde. Nach Ablauf dieser Zeit diskutierten die Leute noch eifrig weiter. Da es mir aber wichtig war, den Teilnehmerinnen und Teilnehmern noch einen Film zu zeigen, wurde ich ein wenig unruhig, weil ich befürchtete, die Zeit nicht einhalten zu können. Ich sagte zur ersten Gruppe:

»Die Viertelstunde ist vorbei. Kommt bitte wieder in den großen Kreis zurück!« Diese Anweisung war vielleicht doch ein wenig zu harsch, dachte ich, und so sagte ich zur zweiten Gruppe:

»Denkt ihr, ihr seid schon bereit, wieder in den Kreis zurückzukommen?«

Die erste Gruppe erhob sich sofort und kam in den Kreis. Die zweite Gruppe blieb sitzen und diskutierte weiter. Weshalb?

Der ersten Gruppe hatte ich eine kurze, klare Anweisung gegeben, der zweiten Gruppe lediglich eine unverbindliche, etwas zaghafte Frage gestellt, die mit meinem Entschluss, auf alle Fälle noch Zeit für den Film zu finden, nicht übereinstimmte. Entsprechend unterschiedlich hatten dann auch die beiden Gruppen reagiert.

»Nichts muss man in der Erziehung mehr meiden als das Ungefähre!« habe ich irgendwo mal gelesen. Doch allzu oft und ohne es zu bemerken, senden wir unklare Signale aus. Wir rügen unsere Kinder und zwinkern gleichzeitig unserer Nachbarin schelmisch zu. Oder es kommt vor, dass wir in einem überfreundlichem Ton zu Kindern sprechen, obwohl wir in Wirklichkeit ärgerlich sind. Kinder realisieren dieses unechte Verhalten sehr wohl, reagieren verunsichert, beachten unsere unglaubhaften Worte kaum, und wir wundern uns dann, weshalb sie nicht unseren Wünschen gemäß darauf reagieren. Kinder brauchen klare Signale, auf die sie sich verlassen können. Mit einer klaren Haltung wird manches Missverständnis und mancher Ärger schon zum Vorneherein vermieden. Die drei nachfolgenden kleinen Geschichten werden Ihnen davon erzählen:

❖ ❖ ❖

Eine Mutter erzählt:

Unsere zwei Mädchen machten sich ein Spiel daraus, im Gärtchen unserer Nachbarin von Stein zu Stein zu hüpfen. Wer danebentrat, musste ausscheiden. Einmal trat die Kleinere beinahe auf die Nelken zwischen zwei Steinblöcken. Frau Wenck, unsere Nachbarin, öffnete das Fenster und sagte augenzwinkernd zu den Kindern:

»Macht ihr ein Hüpfspiel auf den Steinen? Schaut mal, die Blümchen haben Angst, ihr würdet auf ihre Köpfchen treten.«

Sie reichte jedem ein Bonbon und schloss das Fenster wieder. Die Kinder setzten ihr Spiel fort.

Am folgenden Tag lag ein Brief in unserem Briefkasten. Darin forderte uns Frau Wenck auf, unsere Kinder doch besser zu erziehen. Sie hätten sich um ihre Aufforderung, das Blumenbeet zu verlassen, nicht geschert und seien weiter auf den Steinen umhergehüpft.

Von uns zur Rede gestellt, sagten unsere Töchter:

»Wir haben gedacht, Frau Wenck scherzt!«

Ich schätze meine Nachbarin sehr. Und trotz meines »Frusts« klingelte ich bei ihr. Wir unterhielten uns freundschaftlich über den Vorfall, und ich sagte ihr, unsere Töchter hätten ihre Botschaft als Spaß verstanden.

»Da habe ich wohl Mist gebaut«, sagte sie. »Ich wollte, dass sie von meiner Blumenrabatte fernblieben. Und stattdessen erzählte ich ihnen von Blümchen und gab ihnen Bonbons. Ich verstehe jetzt, dass sie das als Spaß auffassen mussten!«

❖ ❖ ❖

Eine kleine Geschichte aus unserem Kindergarten:

Unsere Praktikantin Vera hatte noch nicht viel Erfahrung mit Kindern. Um die Gunst der Buben und Mädchen nicht zu verlieren, sprach sie stets in einem besonders süßen Tonfall mit ihnen, besonders, wenn sie sie in die Schranken weisen sollte.

Einmal erzählte sie den Kindern eine Geschichte. Silvio langweilte sich und störte, indem er auf dem Boden herumrollte, seine Kameraden anstieß und den Telefonhörer abhob. Als ihr seine Belästigungen zu viel wurden, sagte sie mit ihrem freundlichsten Lächeln:

»Silvio, weil du nicht zuhören kannst, darfst du schon jetzt in die Garderobe gehen und dich umziehen.« Damit wollte sie ihn zurechtweisen und seinem unerwünschten Verhalten ein Ende bereiten.

Als ich Silvio in der Garderobe antraf, fragte ich ihn, weshalb er nicht bei den Kindern sei.

»Weißt du, ich konnte nicht gut zuhören, und darum darf ich in die Garderobe und muss mir die Geschichte nicht anhören!«

Am darauf folgenden Tag störte Silvio erneut und Vera war ratlos. Bei unserer anschließenden Besprechung fand sie heraus, dass ihr Ton gegenüber Silvio nicht mit ihrer Stimmung des Ärgers übereingestimmt hatte. Das war für sie eine wichtige Erkenntnis, und sie hat inzwischen gelernt, den Kindern klare Signale durchzugeben.

❖ ❖ ❖

Corinna fragt ihren Vater, ob sie ein Eis aus dem Kühlschrank haben dürfe. Er erwidert:

»Du weißt, das Eis ist eigentlich als Nachtisch gedacht!«

Eine Minute später schleckt Corinna ihr Eis und der Vater gibt ihr deswegen einen Klaps auf den Hintern.

»Ich habe dir doch gesagt, es gibt kein Eis vor dem Essen!«

»Hast du nicht!«, schreit Corinna voller Wut und wirft ihr Eis auf den Boden.

»Du hast gesagt, es sei eigentlich als Nachtisch gedacht. Aber du hast nicht gesagt, ich dürfe mir keins holen!«

❖ ❖ ❖

4.
Machen wir nicht jede Angelegenheit unseres Kindes zu unserer eigenen Angelegenheit!

Kinder, die gelernt haben, die Belange ihres Alltags wo immer möglich selbst in die Hand zu nehmen, werden sich im Leben besser zurechtfinden und es sicherer und mutiger anpacken.

Weil ihnen jedes Steinchen gleich aus dem Wege geräumt wird, wissen viele Kinder nicht, wie viel Mut und Lebensfreude in ihnen stecken. Sie haben nicht die Chance, auf eigenen Füßen zu stehen. Und schon die kleinste Hürde wird ihnen zum unüberwindlichen Hindernis.

Eilen wir unseren Kindern nicht immer gleich zu Hilfe! Lassen wir sie eigene Lösungen, eigene Wege finden. Lassen wir sie ihre Erfahrungen machen und auch mal einen Irrtum begehen. Begleiten wir sie wachsam, ohne sie einzuengen. Diesen Kindern wird weniger zustoßen, weil sie gelernt haben, auf sich selbst aufzupassen und der Welt mit wachen Augen zu begegnen.

❖ ❖ ❖

Ein Elternpaar mit seinen zwei Buben im Alter von etwa fünf und sieben Jahren. Es ist Sonntag und sie sind auf dem Weg zu Freunden. Sie sind bereits hundert Meter von zu Hause entfernt, da klagt der siebenjährige Patrik, er wolle doch lieber seine andere Mütze. Der Vater versucht, ihn umzustimmen:

»Diese Mütze ist doch so schön, Patrik! Du hast dich dafür entschieden, und ich möchte nicht zurückgehen, um deine rote Mütze zu holen!«

»Ich will aber die rote Mütze«, begehrt Patrik auf. Vaters Überredungskünste schlagen fehl. Patrik besteht auf seiner Forderung. Nach einigen Minuten weiteren Zuredens geht der Vater nach Hause zurück, um die gewünschte Mütze zu holen. Die Mutter wartet ärgerlich, und die Buben langweilen sich und geraten in Streit.

Als der Vater Patrik die rote Mütze überreicht, nimmt er sie ohne Dank entgegen und klagt nach einer Weile:

»Papa, ich mag meinen Rucksack nicht tragen.«

»Aber Patrik, dein Rucksack ist doch fast leer. Wenn du ihn nicht trägst, muss ich ihn tragen.« Patrik stampft auf den Boden und Vater trägt den Rucksack.

Drei Minuten später …

❖ ❖ ❖

Dominik vermisst seinen Bären.

»Mama, wo ist mein Bär. Du musst mir meinen Bären suchen. Ich will meinen Bären!«

»Dominik, ich habe jetzt keine Zeit, ich hab's eilig.«

Die Mutter geht nicht weiter auf das Gejammer ihres Jungen ein und macht sich im Wohnzimmer mit dem Staubsauger zu schaffen. Fünf Minuten später kommt Dominik ins Wohnzimmer:

»Mama, ich habe den Bären gefunden. Er lag im Flur.«

❖ ❖ ❖

Es ist Sonntag und die Eltern möchten mit ihrer dreijährigen Milena aufs Schiff. Beim Frühstück bestreicht die Mutter eine kleine Schnitte Vollkornbrot mit Butter und Honig und legt sie auf Milenas Teller. Milena möchte aber lieber ein Hörnchen.

»Wenn du dein Brot gegessen hast, kannst du ein Hörnchen haben.«

Milena rührt das Brot nicht an.

Als die Eltern gegessen haben, packt die Mutter das Brot in eine Serviette und legt es zuoberst in den Rucksack. Dann fahren sie los.

Auf dem Schiff verlangt Milena nach dem Brot und isst es auf.

Milenas Eltern haben klug gehandelt. Sie verzichteten darauf, die Angelegenheit ihrer Tochter zu ihrer eigenen Angelegenheit zu machen. Sie drohten auch nicht: »Wenn du dein Brötchen nicht isst, gibt es auch kein Hörnchen!« Ganz ruhig und ohne zu argumentieren, ließen sie die Sache Milenas Angelegenheit sein. So entstanden bei Milena auch keinerlei Aggressionen gegenüber ihren Eltern und der Tag verlief harmonisch.

❖ ❖ ❖

Jonas geht eigentlich gerne in den Kindergarten, doch trödelt er beim Anziehen. Als sie losgehen wollen, hat er seine Schuhe immer noch nicht an. Die Mutter gerät in Stress, weil sie zur Arbeit muss, und droht immer wieder:

»Wenn du dich nicht beeilst, stelle ich dich ohne Schuhe vor die Haustüre. Dann kannst du sehen, wie du in den Kindergarten kommst!«

Jonas reagiert nicht. Er weiß ja, dass die Mutter nur droht. Am Schluss zieht sie ihm die Schuhe an und stößt ihn unsanft aus dem Hause.

Einige Tage darauf bespricht sie das Problem mit ihrer Freundin.

Am folgenden Morgen setzt sie sich zu Jonas ans Bett:

»Jonas, unsere Streitereien frühmorgens finde ich nicht gut. Ich habe mich entschlossen, dich nicht mehr zu warnen, wenn du trödelst. Du weißt, dass ich um Viertel vor neun zur Arbeit und du in den Kindergarten musst, und ich werde in Zukunft um diese Zeit das Haus abschließen. Du hast die Möglichkeit, dich beizeiten zu richten oder dich draußen noch fertig anzuziehen.«

Jonas scheint von Mutters Worten nicht beeindruckt zu sein und er trödelt erneut. Um Viertel vor neun zieht sie ihren Mantel an und nimmt Jonas' Kleider und Schuhe.

»Ich muss jetzt zur Arbeit, Jonas.« Sie nimmt ihn an der Hand und geht mir ihm vor die Haustüre. Dann schließt sie ab und geht zur Busstation. In Minutenschnelle ist Jonas angezogen und spaziert in den Kindergarten.

❖ ❖ ❖

Eine andere Mutter erzählt ein ähnliches Erlebnis:

Lars hatte keine Lust, in den Kindergarten zu gehen, weil er seine Burg fertig bauen wollte. So trödelte er beim Anziehen. Das Telefon klingelte und ich war für eine Weile ins Gespräch vertieft. Als ich auflegte, war es unheimlich still in der Wohnung. Ich rief nach Lars und fand ihn in der Garderobe. Er saß auf dem Boden und war dabei, sich Gesicht, Haare und T-Shirt mit schwarzer Schuhwichse zu beschmieren. Er dachte wohl, ich würde ihm eine Szene machen, ihm dann ein neues T-Shirt anziehen und sein Haar und das Gesicht waschen. Und nach dieser Prozedur sei es dann zu spät für den Kindergarten.

Ich rang nach Luft, zählte innerlich bis zehn und sagte:

»Oh, da haben wir ja Fastnacht mitten im Sommer! Nun aber schnell ab in den Kindergarten, es ist höchste Zeit!«

Ich packte den sich sträubenden Lars ins Auto und fuhr los mit ihm. Seine Aufmachung war ja schließlich seine eigene Angelegenheit. Allerdings erforderte das meinen ganzen Mut und meine ganze Kraft!

Als Lars wieder nach Hause kam, waren sein Gesicht und die Hände sauber. Er ging in sein Zimmer und zog sich ein frisches T-Shirt an. Das Haar wusch er sich am Abend beim Duschen.

❖ ❖ ❖

Die sechsjährige Caroline weigert sich zur Toilette zu gehen, bevor sie mit ihrer Mutter zur Post geht. Dort angekommen, muss Caroline dann dringend Pipi machen. Die Mutter sagt:

»Ich bleibe hier in der Warteschlange. Und ich glaube, es gibt hier keine Toilette!«

»Du musst aber jetzt gleich mit mir nach Hause gehen, sonst mache ich mir die Hosen nass!«

Die Mutter bleibt standhaft und erwidert nur:

»Das möchte ich nicht, sonst müssen wir nachher wieder neu anstehen.«

Caroline schafft es mit Mühe und Not, »trocken« zu Hause anzukommen. Die Mutter berichtet, seitdem würde sie von sich aus auf die Toilette gehen, bevor sie die Wohnung verlässt.

❖ ❖ ❖

Mein Sohn brüllt gleich los, wenn er etwas von mir erreichen will. Letzte Woche war das Baby krank und ich am Ende meiner Kräfte. Als er wieder zu schreien begann, sagte ich:

»Florian, es tut mir Leid, dass du jetzt eine Viertelstunde lang weinen musst. Aber ich muss mich jetzt um das Essen kümmern. Nach dem Essen können wir über dein Problem sprechen, wenn du möchtest.«

Nach dem Essen fragte ich Florian, ob er jetzt mit mir sprechen wolle.

»Nee«, meinte er, »das ist Schnee von gestern!«

❖ ❖ ❖

Mutter geht mit ihrer neunjährigen Beate ins Warenhaus. Beate will sich in der Spielwarenabteilung umsehen, und Mutter sagt:

»Ich bin bei den Brillen. Komm in zehn Minuten nach, Beate.« Sie zeigt ihr, wo sich die Brillenabteilung befindet. Beate achtet nicht auf Mutters Erklärungen und geht weg zu den Spielwaren.

Zehn Minuten später wird die Mutter durch den Lautsprecher aufgerufen, sich unverzüglich im Kundendienst zu melden, weil ihre Tochter sie verzweifelt suche. Sie hört die Meldung sehr wohl, lässt sich aber noch fünf Minuten Zeit, bevor sie Beate abholt.

»Weshalb kommst du so spät?«, schnauzt Beate sie wütend an.

»Ich habe dir gezeigt, wo du mich findest«, erwidert die Mutter ruhig.

Als sie drei Wochen später erneut ins Warenhaus gehen, will Beate wiederum die Spielwarenabteilung besuchen. Die Mutter geht derweilen noch zu den Damenkleidern, um sich nach einem Hosenanzug umzusehen. Beate hört aufmerksam zu, als Mutter ihr erklärt, wo sich die Damenkleider befinden, und kommt wie abgemacht in zehn Minuten nach.

❖ ❖ ❖

5.
Reden ist Silber, Schweigen ist Gold!

Lassen wir uns nicht auf Machtkämpfe ein und unterlassen wir unnütze Worte!

Wie alle Mütter war ich als junge Mutter bestrebt, alles möglichst gut zu machen. Ich dachte, es sei meine Pflicht, den Kindern alles peinlich genau zu erklären und zu begründen, um sie vor unliebsamen Erfahrungen zu schützen. Einmal hielt ich unserer zweijährigen Tochter einen meiner »Vorträge«. Sie schaute mich freundlich an. Und als ich einmal Luft holte, fragte sie mich erwartungsvoll: »Bist du jetzt fertig, Mama?«

Wir Großen reden viel zu viel! Eine Angewohnheit, die unseren Kindern und vor allem uns selbst, das Leben kompliziert.

Besonders wenn wir unseren Kindern Grenzen setzen sollten, hören wir nicht auf, endlos zu begründen, zu überzeugen, gut zuzureden und uns zu rechtfertigen. Doch unsere Beteuerungen bleiben unfruchtbar und der Erfolg bleibt aus.

Oft ist es klug, in brenzligen Situationen Befehle zu unterlassen. Denn damit verhärten wir den Widerstand unserer Kinder. Allzu leicht auch unterliegen wir der Versuchung, uns mit unseren Kindern herumzuzanken und am Ende doch noch nachzugeben.

Kommt uns da nicht unsere Furcht in die Quere, »böse« Eltern zu sein, wenn wir standhaft bleiben? Doch ist es denn böse, wenn wir aus guten Gründen fest bleiben, ohne noch unnötig und endlos zu argumentieren?

Wenn das Kind »vergisst«, vor dem Essen die Hände zu waschen, schüren wir seinen Trotz, wenn wir sagen:

»Franziska, schon wieder hast du vergessen, deine Hände zu waschen! Wie oft muss ich dir das denn noch sagen? Du weißt es doch ganz genau! Und ich habe dir auch schon tausendmal erklärt, dass es ungesund ist, mit schmutzigen Händen zu essen! Also geh, und vergiss nicht, ausreichend Seife zu nehmen und anschließend die Hände gründlich abzutrocknen!«

Es genügt, ganz einfach und ohne Befehlston zu sagen:

»Franziska, deine Hände!«

Wenn Joni seinen Mantel wieder auf den Boden wirft, statt ihn aufzuhängen, ist es wirksamer, ganz einfach zu sagen:

»Joni, dein Mantel!«

Und wenn Esther schon wieder mit ihrem Löffel auf dem Teller herummanscht, ist es sinnlos, wortreich zu argumentieren. Es genügt, ruhig und bestimmt zu sagen:

»Esther, auf dem Teller wird nicht herumgemanscht«, und allenfalls den Teller, ohne zu verhandeln, ganz einfach für drei Minuten beiseite zu stellen.

In manchen Fällen hilft es, unseren Kindern ein wenig Zeit zu lassen, wie es das erste der nachfolgenden Beispiele aufzeigt:

❖ ❖ ❖

Die Eltern fahren mit ihrer gut zweijährigen Claudia auf den Uetliberg und wandern den Grat entlang. Als das Kind müde wird, setzen sie sich gemeinsam auf eine Bank und essen eine Kleinigkeit. Etwa zwanzig Meter von ihrem Rastplatz entfernt fällt eine etwa fünf Meter hohe Felswand steil nach unten ab.

Als das Kind sich in Richtung dieser Wand bewegt, nimmt der Vater es an der Hand und zeigt ihr die gefährliche Stelle.

»Hierhin darfst du nicht gehen. Da kann man runterfallen und das macht Aua«, sagt er und nimmt sie mit zurück zur Bank.

»Doch!«, sagt sie und trippelt wieder zur Felswand, ihre Eltern genau im Auge behaltend.

Die Mutter gibt ihrem Mann ein Zeichen, nicht zu reagieren. Er ist einverstanden, aber auf der Hut und sprungbereit.

Ganz langsam macht Claudia einen kleinen Schritt – und noch einen – und lauert auf die Reaktion ihrer Eltern. Die beobachten ihre Tochter aus den Augenwinkeln und unterhalten sich, als ob nichts wäre.

Nach einer Weile setzt sich Claudia auf den Boden – überlegt – bleibt eine ganze Weile da sitzen. Dann kommt sie zurück zu ihren Eltern und spielt mit Steinen.

❖ ❖ ❖

Johannes, dreijährig: »Mama, gib mir ein Bonbon!«

Mutter: »Nach dem Essen kannst du eins haben. In einer halben Stunde essen wir!«

Johannes: »Bitte!«

Mutter: »Nach dem Essen, habe ich gesagt! Hast du deine Ohren in der Hosentasche?«

Johannes: »Dann hole ich mir eins!« Er stellt einen Stuhl an den Küchenschrank und macht Anstalten, darauf zu steigen, um es sich selbst zu holen.

Mutter: »Untersteh dich, Joe! Ich habe gesagt, es gibt jetzt nichts!«

Johannes: »Ich tu's doch!«

Mutter: »Dann nehme ich es dir weg und du bekommst heute überhaupt keins!«

Johannes steigt auf den Stuhl und greift nach der Bonbonbüchse. Mutter packt ihn und wirft ihn ins Bett! Wütendes Geschrei ist die Antwort.

Das Problem ist, dass wir versucht sind, mit unserem Kind hin und her zu diskutieren und ihm auch noch zu drohen. Mit Sicherheit wird es mit Trotz antworten und die Retourkutsche folgt ga-

rantiert. Klug wäre es, Joe kurz und freundlich mitzuteilen, dass er das Bonbon nach dem Essen bekommen wird, und sich dann auf keine weiteren Diskussionen einzulassen. Auf Joe's »Dann hole ich mir eins!« wäre es ratsam, nicht zu reagieren. Auf diese Weise wird eine Trotzreaktion abgeschwächt oder vermieden. Sollte sich Joe trotzdem selbst bedienen wollen, können wir, ganz ohne Kommentar und ohne böse Miene, ihn daran hindern. Er wird dann auch nach dem Essen keins bekommen. Bleiben wir ruhig und fest!

❖ ❖ ❖

Eine Mutter:

»Pass auf! Fahr vorsichtig! Trink nicht so viel! Komm nicht zu spät nach Hause!«, sagte ich jedes Mal zu meinem Mann, wenn er abends wegfuhr. Als er mich gestern zum Abschied küsste, ging wieder meine alte Leier los, dieses alte Ritual!

»Ja, ja Schatz«, sagte mein Mann abwesend und fuhr los.

Um elf Uhr kam er wohlbehalten und gut gelaunt nach Hause. Als er sich neben mich aufs Sofa setzte, fiel es mir plötzlich wie Schuppen von den Augen: Haben wir vergangene Woche im Elternseminar nicht davon gesprochen, dass wir viel zu viel reden? Bringt es denn überhaupt etwas, wenn ich meine Lieben andauernd ermahne und pausenlos auf sie einrede? Nichts, gar nichts fruchtet es! Im Gegenteil! Die Kinder reagieren störrisch. Und überhaupt: Haben sie denn nicht das Recht auf ihre eigenen Erfahrungen? Wie sonst können sie zu eigenverantwortlichen Menschen heranwachsen?

Das fiel mir ein, und ich versuche seither, bei meinem Mann, und vor allem bei den Kindern, ermahnende Worte nur dann auszusprechen, wenn es wirklich notwendig ist. Denn je mehr ich auf sie einrede, desto weniger hören sie auf mich.

❖ ❖ ❖

Ein Vater erzählt der Elterngruppe:

Nachdem wir es letztes Mal von der Selbstständigkeit hatten, bereitete ich zu Hause das Abendessen zu. Die Mahlzeit verlief harmonisch. Unser knapp dreijähriger Alexander sollte anschließend seinen Teller und seinen Löffel in die Küche bringen. Er schmiss, wie jedes Mal, den Löffel klirrend in seinen Teller und wollte beides hinaustragen. Wie immer wollte ich losschimpfen und auf ihn einreden. Da besann ich mich und sagte:

»Schau Alexander, ich zeig dir, wie man das ganz leise machen kann!«

Wie wir es im Kurs geübt hatten, zeigte ich es ihm langsam und ohne dazu zu »referieren«. Alexander schaute interessiert zu.

»Jetzt kommst du dran!« Ich reichte ihm Teller und Löffel.

Sorgfältig machte er es mir nach, und zu meiner Überraschung höre ich nach den Mahlzeiten kaum mehr dieses Geschepper, das mir immer so sehr auf die Nerven ging.

❖ ❖ ❖

Wenn es zwischen der kleinen Laila und ihrer Oma Differenzen gibt, zieht sich Laila trotzig in ihr Zimmer zurück, während Oma sich mit einem Buch ins Wohnzimmer setzt.

Nach einer Weile kommt Laila dann zögernd wieder aus ihrer Höhle und setzt sich ganz leise neben Oma. Ein wenig wartet sie ab, streckt dann langsam, ganz langsam ihren kleinen Zeigefinger aus und berührt sachte Omas Zeigefinger. Dann lächelt Oma und Laila lächelt zurück.

Oft braucht es nicht viele Worte, um wieder Frieden zu schließen. Meist genügt sogar ein Lächeln, ein lieber Blick, ein In-die-Arme-Schließen und die Welt ist wieder in Ordnung.

❖ ❖ ❖

6.
Loslassen bedeutet nicht fallen lassen!

Begleiten wir unsere Kinder unterstützend und wachsam. Doch vermeiden wir es, sie bei ihrem Tun unnötig zu kontrollieren und zu kritisieren!

Vor lauter Sorge um unsere Kinder sind wir versucht, sie mit unseren eigenen Vorstellungen zu bedrängen. Wir möchten fast unaufhörlich auf sie einwirken, um sie vor unliebsamen Erfahrungen zu schützen. Doch Kinder wollen freigegeben werden überall dort, wo es gefahrlos möglich ist.

Loslassen hat mit Vertrauen zu tun, Vertrauen in uns selbst und in unser Kind. Wenn wir ihm einen gesunden Nährboden, Luft, Liebe und genügend Freiraum gewähren, ihm dann auch vernünftige Grenzen setzen, wird es sich weitgehend selbst aufbauen, so wie es auch die Natur ganz von selbst tut.

Ich möchte hier nochmals betonen, dass Loslassen nicht bedeutet, sich vom Kind abzuwenden, etwa aus Ärger oder Gleichgültigkeit. Loslassen heißt, das Kind zur Selbstständigkeit freizugeben, es gewähren zu lassen, uns zurückzuhalten wie der »Waiter«, überall dort, wo wir dem Kind seinen Freiraum gefahrlos überlassen können. Sich zurückhalten ist das Gegenteil von sich aufdrängen. Es bedeutet zu lieben, ohne zu beherrschen oder unnötig einzuengen.

Wir müssen keine perfekten Eltern sein, können es auch nicht, so sehr wir uns auch darum bemühen! Wenn wir unser Bestes geben, dürfen wir loslassen, das heißt, uns immer wieder von Ängsten und Sorgen lösen und vertrauen, dass unser Kind seinen Weg Schritt für Schritt bewältigt.

Es tut gut, die Kunst des Loslassens zu üben, weil Loslassen unsere Kinder, und auch uns selbst, befreit und erlöst!

❖ ❖ ❖

Zusammen mit ihrer Freundin macht die elfjährige Regula einen Bananen-Schoko-Mix. Er gerät etwas dünn und die beiden geben noch einige Schokokekse ins Mixerglas. Beim Wiedereinstellen des Gerätes vergessen sie, den Deckel zu schließen, und die ganze Herrlichkeit spritzt in der Küche herum. Die Mutter kommt in die Küche, sieht die Bescherung und will gleich losschimpfen, schluckt dreimal trocken herunter und sagt:

»Ich bringe Daniel ins Judo.«

Sie lässt sich Zeit, erledigt noch einige Besorgungen und geht für einen Sprung bei ihrer Mutter vorbei. Als sie, auf alles gefasst, zu Hause ankommt, staunt sie. Die Küche ist aufgeräumt und gereinigt. Die Mädchen sitzen auf der Veranda und genießen sichtlich, was von ihrem Mix noch übrig geblieben ist.

❖ ❖ ❖

Ein Elternpaar machte die folgende Erfahrung, als sie von ihren Vorstellungen über optimale Sonntagsfreuden Abstand nahmen:

Nach einer anstrengenden, hektischen Woche wollten wir uns zusammen mit unserer dreijährigen Tochter einen schönen Sonntag gönnen. Das Wetter war wunderbar! Wir beschlossen, ein Boot zu mieten und uns anschließend in einem gemütlichen Restaurant verwöhnen zu lassen. Doch Madalina weigerte sich vehement, mitzukommen. Alle unsere Überredungskünste schlugen fehl. Sie quengelte und zog sich in ihr Zimmer zurück.

Wir setzten uns ins Wohnzimmer und berieten. Da fiel mir ein, dass Madalina wohl übermüdet war, weil wir sie in den vergangenen Tagen einige Male ihren Großeltern überlassen mussten. Wahrscheinlich wollte sie ganz einfach ihre Ruhe haben. Wir haben also »losgelassen«, zogen unsere Schuhe wieder aus und machten uns einen zufriedenen Tag im Garten. Madalina legte sich aufs Sofa und schlief volle drei Stunden. Dann spielte sie in ihrem Zimmer und bei uns im Garten, summte vor sich hin und war glücklich. Und wir waren heilfroh, unsere Vorstellungen von einem optimalen Sonntag losgelassen und Madalina nicht zum Ausgehen gezwungen zu haben.

❖ ❖ ❖

Eine kleine Begebenheit, die mich beeindruckt hat:

Ein Elternpaar sitzt mit seinem sechsjährigen Sohn und der neunjährigen, behinderten Tochter am Fenstertisch eines Restaurants. Nach einer Weile bewegt sich das Mädchen vom Tisch weg, kommt aber mit ihrem Rollstuhl nicht zwischen den anderen Tischen durch. Unschlüssig hält sie an, doch niemand achtet auf sie. Dann sagt sie mit fester Stimme:

»Entschuldigung, dürfte ich bitte hier mal durch?«

Bereitwillig erheben sich die Leute und schieben ihre Stühle ganz nahe an die Tische, so dass das Kind mühelos durchfahren kann. Es bedankt sich und rollt zur Theke, um mit der Frau an der Bar zu plaudern. Von meinem Platz aus kann ich die Eltern des Mädchens gut sehen. Sie haben die Situation sehr wohl wahrgenommen, dann aber ihr Gespräch fortgesetzt, nicht ohne hin und wieder einen kurzen Blick auf ihr Mädchen zu werfen.

Nach einer Weile kommt der Kellner mit den warmen Tellern. Der Vater holt seine Tochter von der Theke und begleitet sie zurück zum Tisch. Unbeschwert genießt die Familie ihre Mahlzeit.

An unserem Nebentisch unterhalten sich zwei Frauen über den Vorfall.

»Wie kann man ein behindertes Kind so sehr im Stich lassen«, ereifern sie sich.

Ich selbst aber freue mich über die gelassene und mutige Haltung der jungen Eltern und das Selbstvertrauen ihrer Tochter.

❖ ❖ ❖

Eine Mutter im Elternkurs:

Seit ich begriffen habe, was Selbstständigkeit bedeutet, mische ich mich nicht mehr so oft in die Angelegenheiten meiner Kinder ein. Ich habe aufgehört, fortwährend über ihre Schultern zu äugen. Als »Waiter« schalte ich mich nur noch dann ein, wenn es notwendig ist.

Beim Basteln zum Beispiel wusste ich es immer besser als meine Kinder. Ich wusste genau, welche Farbe passt und wie man etwas in die Hände nimmt. Erst jetzt realisiere ich, wie sehr ich die Kinder einengte und dass sie deshalb schon gar keine Lust mehr hatten, etwas zu tun. Jetzt haben sie ihre Kreativität neu entdeckt, und es ist eine Freude, zuzusehen, mit wie viel Lust sie sich beschäftigen.

❖ ❖ ❖

Ein Vater erzählt:

Mein Sohn hat Verhaltensweisen, die ich an mir selbst nicht ausstehen kann. Vor allem sein Jähzorn und seine Empfindlichkeit gehen mir auf die Nerven, und ich hackte täglich, ja fast stündlich, auf ihm herum. Seit ich mir bewusst geworden bin, dass es meine eigenen Macken sind, die ich so sehr an ihm bekämpfe, bedeutet es für mich stete Arbeit an mir selbst, ihn aus meinem eisernen Zugriff loszulassen. Seither entdecke ich viele gute Seiten an ihm. Ich liebe ihn ja so sehr!

❖ ❖ ❖

7.
Eifersucht kommt ungerufen!

**Eifersucht ist ein überaus quälendes Gefühl.
Das Kind kann seine Eifersucht ohne unsere Hilfe und unser Verständnis nur schwer bewältigen.**

Wir alle wissen: Eifersucht tut weh, manchmal ganz entsetzlich! Auch unseren Kindern! Wenn ein Kind auf ein kleineres oder größeres Geschwister eifersüchtig ist, will es um jeden Preis die Liebe und Aufmerksamkeit von uns Eltern erzwingen, geschehe, was wolle. Dabei gebärdet es sich manchmal ganz unmöglich. Es geht uns auf die Nerven, und wir ärgern uns, schelten und strafen.

Eifersucht ist ein Leiden und an sich nichts Böses, und wir sollten unserem Kind nicht sagen, sie sei schlecht. Nur was daraus entstehen kann, nimmt zuweilen schlimme Formen an. Es kann vorkommen, dass unser Kind seinen Bruder oder seine Schwester von ganzem Herzen liebt und gleichzeitig auf eben dieses Geschwister unendlich eifersüchtig ist. In diesem Fall ist es nicht immer einfach, seine Eifersucht zu erkennen.

Vergessen wir deshalb nicht, achtsam zu sein. Und setzen wir uns, wie im Buch »Lieben – ermutigen – loslassen« beschrieben[7], abends ans Bett unseres Kindes. Hören wir mit dem Herzen zu, ohne in seine Worte einzugreifen. Das bringt manche Freude und manche Sorge unseres Kindes an den Tag und hilft uns, es besser zu verstehen. Welcher Segen für unser Kind und für uns selbst!

Hier die Schilderungen einiger Eltern, wie sie mit der Eifersucht ihrer Kinder zurechtkamen.

---

7 Lieben – ermutigen – loslassen, Seite 156ff.

❖ ❖ ❖

In einem Elternseminar äußert sich eine Mutter voller Verzweiflung über die Eifersucht ihrer Tochter Manuela:

Sie liegen sich stündlich in den Haaren und Manuela petzt viel über Fiona. Ich rede ihr die ganze Zeit gut zu, sage ihr, sie solle doch nicht eifersüchtig sein, das sei böse. Und sie solle Fiona doch auch mal etwas gönnen. Aber ihre Aggressionen werden nur noch schlimmer. Es ist nicht mehr auszuhalten!

Da meldet sich eine andere Kursteilnehmerin:

Meine neunjährige Tochter ist eifersüchtig auf den Dreijährigen. Manchmal sagt sie, sie wünschte, ihr Bruder liefe von zu Hause weg und fände nie wieder den Weg zurück. Es wäre ohnehin das Beste, er wäre tot, dann hätte sie endlich wieder Ruhe. Ich hörte ihr zu, saß einfach bei ihr, wohl mindestens eine Viertelstunde lang. Dann plötzlich rutschte sie von meinen Knien herunter und sagte:

»Ich gehe mit Marcel spielen!«

Seither höre ich ihr jeden Tag zu, mit dem Herzen, wissen Sie! Und ich glaube, das ist der Grund, weshalb ihre Eifersucht nachgelassen hat.

Am darauf folgenden Kursabend meldet sich ein Vater:

Letztes Mal sprachen wir von der Eifersucht. Bis zu diesem Seminar habe ich meinen Felix stets gemahnt, er solle mit seiner Schwester artig sein und überhaupt sei Eifersucht schlecht. Seine Missgunst der Schwester gegenüber wurde von Tag zu Tag schlimmer und nahm fast krankhafte Formen an.

Vorgestern setzte ich mich abends an sein Bett und hörte ihm einfach nur zu, was er mir zu berichten hatte. Ich glaube, er genoss es, und er erzählte mir über dies und das – nichts Weltbewegendes. Er beruhigte sich zunehmend und schaltete dann zufrieden das Licht aus. Ich spürte, wie er meine uneingeschränkte Aufmerksamkeit genoss und am nächsten Tag friedlicher war. Seither setze ich mich jeden Abend ein Weilchen an sein Bett. Ich habe auch aufgehört, ihm zu sagen, Eifersucht sei böse. Für diese Gefühle kann er ja nichts. Übrigens: Mittlerweile ist Eifersucht bei uns nicht mehr Thema Nummer eins.

❖ ❖ ❖

Eine andere Mutter hatte große Mühe mit der Eifersucht ihres Sohnes und erzählt uns:

Nachdem unsere Jessica zur Welt gekommen war, weigerte sich Lukas einen geschlagenen Monat lang, den Kindergarten zu besuchen. Auch ins Freie und zu seinen Freunden ging er nicht mehr. Er erfand die üblichen Ausreden vom Bauch- und Kopf- bis zum Fußweh. Ich versprach ihm Belohnungen – ohne Erfolg. Er klebte die ganze Zeit an mir. Besonders, wenn ich mich um Jessica kümmerte, beschäftigte er mich mit tausend Fragen und Ungezogenheiten.

Einmal, als ich so richtig ärgerlich über ihn war, schimpfte ich ihn aus. Er lief in sein Zimmer und rief :

»Du bist eine böse Mama! Du hast nur Jessica lieb!«

Da ging mir ein Licht auf! Es war Zeit, endlich zu realisieren, dass Lukas unsäglich unter seiner Eifersucht litt. So sehr, dass er nicht einmal in seinen geliebten Kindergarten gehen wollte, um mich nicht mit dem Baby allein zu lassen. Wer weiß, wie viele Zärtlichkeiten ich seiner kleinen Konkurrentin während dieser Zeit geben würde! Von da an wandte ich mich ihm vermehrt zu und bemühte mich vor allem, ihm zuzuhören, ohne jedes Mal meinen »Senf« dazuzugeben. Das ist anstrengend und erfordert Geduld. Aber bald stellte sich der erste Erfolg ein. Von selbst entschloss er sich, wieder in den Kindergarten zu gehen.

❖ ❖ ❖

Doran hat ein kleines Schwesterchen bekommen und will nun den ganzen Tag über Baby spielen. Das ist zuweilen recht lästig. Die Mutter sagt:

»O.K., Doran, du kannst Baby sein!«

Eine ganze Weile kuscheln sie auf dem Sofa. Wenn Doran dann aber im Sandkasten spielen will, sagt sie:

»Oh nein Doran, du bist ein Baby und musst im Bettchen bleiben!«

Wenn Doran beim Mittagessen Apfelpfannkuchen haben möchte, sagt Mutter:

»Ach, du bist doch noch viel zu klein, Doran, um Apfelpfannkuchen zu essen! Sie könnten dir ja im Hals stecken bleiben, weil du noch nicht kauen kannst!«

Wenn er zu seiner Freundin ins Nachbarhaus gehen möchte, sagt sie:

»Hast du vergessen, dass du ein Baby bist? Du kannst doch noch gar nicht gehen!«

Bald hat Doran bis oben genug vom Babyspiel. Er will nur noch manchmal Baby sein, und auch nur für eine halbe Stunde, so zum Kuscheln und um aus der Flasche zu trinken.

❖ ❖ ❖

An einem sonnigen Wintertag gehen Vater, Mutter, die dreijährige Regina und ihr kleiner Babybruder rodeln. Das Baby bekommt seine ersten Zähnchen, fiebert ein wenig und fühlt sich unwohl. So muss sich Mutter vermehrt mit ihm befassen. Plötzlich bemerkt Vater, dass Regina nicht mehr da ist. Ziemlich weit oben sitzt sie ganz allein auf einer Bank. Die Eltern rufen nach ihr und warten, doch sie kommt nicht zurück. So steigt Vater zu ihr hinauf und setzt sich neben sie:

»Du willst nicht bei uns sein, Regina?«

Regina schweigt. Dann brummelt sie:

»Mama hat mich nicht mehr lieb.«

»Du denkst echt, Mama hat dich nicht mehr lieb?«

»Sie hat Sandro lieber.«

»Oh!«

»Sie ist immer nur bei Sandro!«

Dann holt sie tief Luft und stellt fest:

»Sie hört mir nicht einmal zu, wenn ich ihr etwas sage.«

Die Mutter schaut von unten zu, wie sie sich unterhalten und nach einer Weile Hand in Hand den Abhang hinunterkommen. Ihre Gesichter wirken entspannt.

Mit einer kleinen Geste verständigen sich die Eltern. Der Vater nimmt das Baby zu sich, und die Mutter fasst Regina bei der Hand:

»So Regina, und jetzt sausen wir den Berg hinunter, du und ich! Bestimmt sind wir tausendmal schneller als Papi und Sandro!«

Regina kuschelt sich wonnig an ihre Mama. Die Familie verbringt einen glücklichen Tag im Schnee. Bis zum Abend kümmert sich der Vater um das Baby, damit sich die Mutter Regina zuwenden kann.

❖ ❖ ❖

8.
Diese ewigen Streitereien!

Streiten ist eine Form von Konfliktbewältigung, die geübt werden will und Vorbereitung auf das Leben bedeutet.
Wer richtig streiten gelernt hat, kann sich in der Schule, und später in der Erwachsenenwelt, besser durchsetzen.

Die ewigen Streitereien zwischen unseren Kindern beschäftigen uns zuweilen sehr. Auch wenn wir uns nicht in ihre Machtkämpfe einlassen wollen, unsere Aufmerksamkeit ist doch auf die kleinen Streithähne konzentriert. Wir reiben uns auf und überlegen fieberhaft, wie wir es angehen könnten, sie zu mehr Vernunft und Verträglichkeit zu bewegen. Und trotz unserer Bemühungen um Frieden in der Familie werden sich die Kinder immer wieder in die Haare geraten. Vielleicht tröstet es uns ein wenig, wenn wir daran denken, dass gesundes Streiten stark macht und Vorbereitung auf das Leben bedeutet.

Bei Differenzen unter unseren Kindern ist es ratsam, »draußen« zu bleiben, vorausgesetzt die Auseinandersetzungen arten nicht aus und werden weder handgreiflich noch unfair. Wir werden uns dann vielleicht wundern, dass das »schwächere« Kind, für das wir uns bisher stets eingesetzt hatten, selbst beginnt, sich zur Wehr zu setzen. Versuchen wir auf alle Fälle, nur im Notfall einzugreifen.

Die Kunst des Streiten will gelernt sein. Als Erstes müssen nämlich vor allem wir Erwachsenen uns das sagen lassen!

Streitigkeiten unter Erwachsenen sind oft zäh, hart, unerbittlich und unversöhnlich. Sie können sich über Wochen, Monate,

Jahre oder über ein ganzes Leben ausdehnen. Hand aufs Herz: Eigentlich sind wir Erwachsenen es, die aus den Streitigkeiten unserer Kinder lernen könnten! Denn Kinder sind kaum nachtragend und haben die bewundernswerte Gabe, sich nach einem Zusammenstoß schnell wieder zu versöhnen. Gleich sind sie wieder dicke Freunde, spielen und lachen, als sei nichts geschehen. Üben auch wir Erwachsenen uns in der Kunst des Streitens und Versöhnens! Die Kinder beobachten scharf und werden die Fähigkeit entwickeln, auf ihrem eigenen Lebensweg erfüllende, tragende Beziehungen zu schaffen und zu erhalten.

❖ ❖ ❖

Eine Mutter erzählt schmunzelnd:

Meine Kinder stritten sich die ganze Zeit. Kürzlich wurde es mir zu bunt, und ich beschloss, mich nicht mehr auf ihre ständigen Machtkämpfe einzulassen. Als ihr nächster Streit zu eskalieren drohte, begab ich mich mit einem Buch auf die Toilette. Darauf riefen die beiden aus dem Flur:

»Mama, du kannst nicht auf die Toilette gehen, wenn du uns doch beim Streiten helfen sollst!«

Die Reaktion meiner Kinder öffnete mir die Augen und ich mischte mich fortan nur noch im Notfall in ihr Gezänk ein. Und ich habe festgestellt, dass sie die meisten Streitigkeiten ganz ohne meine »Hilfe« bewältigen.

❖ ❖ ❖

Sigrid und Kevin kämpfen um den heiß begehrten Dinosaurier.

Die Mutter ruft:

»Stop! Da sehe ich zwei wütende Jungs, den einen mit dem großen Dinosaurier und den anderen mit der Briobrücke in der Hand. Und sie wollen sich die Dinger tatsächlich über den Kopf hauen! Das ist gefährlich und man muss sich zuerst mal beruhigen! Also jeder schnell ab in sein Zimmer und Türe zu!«

Eine Viertelstunde später geht sie hinauf zu den Jungs.

»Wie steht's mit euch zweien? Denkt ihr, ihr könnt euch jetzt einigen?«

Eine Weile herrscht Schweigen. Dann schlägt Kevin vor:

»Wenn du mir den Dinosaurier gibst, kannst du so lange die Brücke haben. Aber wenn ich sie brauche, musst du sie mir wieder zurückgeben!«

»O.K. Aber ich brauche auch noch diese Weiche hier! Und das Signal!«

»Gut. Dann will ich aber den Dinosaurier bis zum Abendessen behalten!«

»Gut.«

Der Friede ist fürs Erste wiederhergestellt.

❖ ❖ ❖

Eine Mutter teilt uns mit, wie sie mit den zermürbenden Streitereien ihrer beiden Kinder im Auto zurechtkam.

Ich war mit den Kindern im Auto unterwegs. Bald begannen sie, lautstark miteinander zu streiten und sich zu schlagen. Ich hatte Mühe, mich auf die Straße zu konzentrieren, und sagte: »Peggy und Fabian, hört sofort auf, euch zu schlagen, und einigt euch mit Worten!«

Die Kinder schlugen sich weiter.

Bei der ersten Parkmöglichkeit hielt ich auf der unbelebten Dorfstraße an und sagte:

»Peggy und Fabian, ihr steigt jetzt aus. Ich warte dort vorne auf euch. Bis dann habt ihr Zeit, euren Streit mit Worten auszutragen.«

Sie schauten mich ungläubig an und lachten unsicher. Ich stieg aus, hob die zwei aus ihren Sitzen und stellte sie auf den Gehsteig. Dann fuhr ich ein Stück weiter und wartete dort auf sie.

Seither genügt es, wenn ich sage:

»Peggy und Fabian, so kann ich nicht fahren!«

❖ ❖ ❖

Susanne und Zita erhalten vom Nachbarn jeder zwei Schokoriegel geschenkt, und sie kommen nach Hause, um sie ihrer Mutter zu zeigen.

Das sieht Hannes und will auch einen haben.

Ratlos stehen die beiden Mädchen da.

»Frag Mama, ob sie dir zwei Kekse gibt«, meint Susanne, »vier Schokoriegel kann man nicht unter drei Kinder teilen.« Hannes ist nicht einverstanden:

»Aber ich habe gestern mein Tortenstück mit euch geteilt!«, ruft er empört.

»Stimmt«, meint Zita. »Aber das ist etwas anderes, denn die Torte wäre ohnehin verdorben!«

»Ich sag's der Mama«, weint Hannes.

Die Mutter bekommt die Unterhaltung ihrer Kinder sehr wohl mit, hütet sich vorerst aber, sich einzumischen. Es wird still im Kinderzimmer. Man berät sich. Da plötzlich stehen die drei vor ihr und strecken ihr einen Schokoriegel vor das Gesicht.

»Der ist für dich, Mama!«

»Oh danke! Wie komme ich denn dazu?«

»Wir haben vier Schokoriegel bekommen, und damit jedes von uns drei gleich viel erhält, schenken wir dir den vierten!«

❖ ❖ ❖

Eine Großmutter spielt »Eile mit Weile« mit der sechsjährigen Enkelin Lena. Ihre gut dreijährige Schwester Selina will auch mitmachen.

»Nein«, wehrt sich Lena, »du darfst nicht mitspielen, weil du immer schummelst!«

»Ich werde nicht schummeln, ganz sicher nicht!«

»Also gut. Aber wenn du es doch tust, musst du ausscheiden!«

Also darf Selina mitspielen. Und wie erwartet, beginnt sie bald zu schummeln. Empört stößt Lena sie vom Stuhl.

Selina setzt sich auf den Boden und schreit, was das Zeug hält.

Lena schaut zu Selina hinunter, und die Großmutter sieht ihr an, dass es ihr Leid tut. Nach einer Weile rutscht Lena von ihrem Stuhl und legt die Hand auf Selinas Schulter:

»Selina, kannst du mir ganz ruhig zuhören?«

»Ja-a-a-a …«

»Ganz ruhig?«

»Ja-a-a-a«, schnieft Selina.

»Also Selina: Wenn man ein Spiel spielt, dann muss man sich an die Regeln halten, sonst macht es keinen Spaß. Also, wenn du dich an die Regeln hältst, dann können wir es nochmal versuchen. Aber nur noch ein einziges Mal!«

»Mhm«, schnupft Selina. Sie schummelt auch nur noch ein ganz klein wenig und es kann in Frieden zu Ende gespielt werden.

Die Großmutter erzählt mir am nächsten Tag, dass sie sich ganz schön zurückhalten musste, um sich nicht einzumischen. Und sie ist zu Recht stolz auf ihre Enkelinnen, die die Streitigkeit ganz ohne ihr Dazutun lösen konnten.

❖ ❖ ❖

»Mamiiiii, Gabriel kneift mich die ganze Zeit! Sag ihm, er soll aufhören!«

»Sie hat mich gestoßen! Und den größeren Apfel genommen«, schimpft Gabriel.

»Was soll das, Gabriel! Das hast du doch auch schon gemacht! Sei jetzt nicht so missgünstig und hör endlich auf, deine Schwester zu ärgern«, schimpft die Mutter aufgebracht.

Im Elternkurs dann erzählt die Mutter von den zermürbenden Machtkämpfen zwischen ihren beiden Kindern. Als am folgenden Tag die Streitereien wieder beginnen, sagt sie:

»Gabriel und Berit, ich denke, das ist kein guter Streit. Statt euch zu hauen, sollt ihr es euch besser *sagen*! Kommt, ich erkläre euch den ›Pfadfinderstreit‹: Ein guter Pfadfinder findet nämlich immer einen Pfad, auch aus einem Streit heraus. Am besten, wir setzen uns ins Wohnzimmer und ich helfe euch vorerst ein wenig dabei.«

In der Küche holt sie drei Gläser Saft. Berit nimmt sich das größere Glas.

»Siehst du Mama«, ruft Gabriel aufgebracht, »immer nimmt sie das Glas mit mehr Saft drin!«

»Sag es nicht mir, sag es ihr selbst, Gabriel!«, erwidert die Mutter.

»Immer nimmst du das größere Glas! Ehrlich!«

»Gut!«, lobt die Mutter. »Besprechen wir nun die Sache! Wer von euch beiden möchte beginnen, dem anderen zu sagen, was ihn ärgert? Die Pfadfinderregel heißt: Keiner beleidigt den anderen.«

Berit beginnt:

»Gabriel hat mich die ganze Zeit …«

»Bitte Berit, sag es nicht mir, sag es Gabriel!«, meint Mutter.

»Gabriel, du sollst mich nicht immer kneifen und hauen!«

»Aber du hast vorhin schon wieder den größeren Apfel genommen! Auch gestern hast du den größeren Apfel genommen! Und jetzt den größeren Saft! Das ist nicht fair!«, schimpft Gabriel.

»Ja, aber du sollst auch nicht immer von meinen Farben nehmen und Blätter aus meinem Zeichenblock reißen, ohne mich zu fragen!«

»Ja, aber gestern hast du mein Buch genommen, ohne mich zu fragen!«, meint Gabriel.

»So ist das also«, meint die Mutter. »Berit, ich denke, es ärgert dich, wenn Gabriel dich haut und kneift und deinen Block und die Farben nimmt, ohne dich zu fragen. Und du, Gabriel, kannst es nicht ausstehen, wenn Berit den größeren Apfel und das vollere Glas Saft oder dein Buch nimmt.«

»Du kannst schon von meinem Block und meinen Farben

nehmen, wenn du mich fragst«, sagt Berit nach einer länger Bedenkpause.

Die beiden schweigen. Dann meint Gabriel:

»Wenn du morgen den kleineren Apfel nimmst, kannst du mein Buch haben. Für eine Stunde.«

Berit überlegt, und Mutter sagt:

»Ihr macht das ganz toll! Ganz nach Pfadfinderart! Ich denke, ihr könnt euren Pfad ohne meine Hilfe weiter finden, was denkt ihr?«

»Und was machst du, Mama?«

»Ich arbeite in dieser Zeit ein wenig im Garten.«

Als die Mutter nach einer halben Stunde nachschaut, sitzen ihre Kinder am Tisch und spielen Uno. Offenbar haben sie ihren Streit beigelegt.

❖ ❖ ❖

Wenn sich unsere Kinder streiten, hilft es manchmal, uns zu vergegenwärtigen, dass sie eben dabei sind, sich im Lösen von Konflikten zu üben, und dass Streiten stark macht. Versuchen wir, uns zu entspannen, vielleicht einige Male tief durchzuatmen, uns wenn möglich zurückzuziehen.

Sollten die Aggressionen der Kinder eskalieren, bleiben wir ruhig! Denn Aggressionen kann man nicht mit Tadel aus der Welt schaffen. Erinnern wir uns, was wir selbst uns wünschen, wenn wir ärgerlich sind, nämlich in erster Linie Verständnis. So auch unsere Kinder. Wenn sie sich also allzu sehr in die Haare geraten, kann folgendes Vorgehen helfen:

⇨ *Sprechen wir den Konflikt an:*
  »Das sieht ja aus, als wärt ihr echt sauer aufeinander. Da ist wohl gar ein happiger Streit im Gange!«
⇨ *Hören wir uns die Schilderungen der Kinder an.*
⇨ *Beschreiben wir, ohne zu bewerten, die Situation und den Standpunkt jedes der Kinder:*

. willst, dass Brita dir das Steckmosaik gibt, weil sie ıat, du könnest es in fünf Minuten haben. Und du, Brita, noch nicht fertig damit und willst noch eine Weile damit ɩpielen. Nicht ganz einfach – ein Steckmosaik und zwei Kinder!«

⇨ *Sagen wir ihnen in kurzen Worten, dass wir darauf vertrauen, dass sie eine Lösung finden werden:*
»Ich bin sicher, ihr werdet eine faire Lösung finden.«
Falls notwendig, helfen wir noch ein kleines Schrittchen weiter, ohne Partei zu ergreifen. Dann entfernen wir uns.

Falls der Streit gefährlich wird, kommen wir nicht darum herum, energisch einzugreifen:

⇨ *»Stop! Da sehe ich zwei Kinder, die sehr wütend aufeinander sind und die sich wohl gleich sehr wehtun werden!«*

⇨ *Trennen wir die Kinder:*
»Das ist ein heißer Streit. Der ist gefährlich. Schnell jeder in sein Zimmer! Ich komme später nach.«

⇨ *Beim nachfolgenden Gespräch vermeiden wir es vor allem, Partei zu ergreifen. Stellen wir, wie oben, den Standpunkt jedes einzelnen Kindes fest, beschreiben ihnen das Problem und helfen ihnen noch so lange weiter, bis sich eine Lösung abzeichnet. Ziehen wir uns zurück, sobald die Kinder von alleine weiterfinden.*[8]

❖ ❖ ❖

8 Lieben – ermutigen – loslassen, Seite 72ff.

9.
Es ist der Ton, der die Musik macht!

Die Art und Weise, wie wir unseren Kindern begegnen, wird von ihnen erwidert. Wenn wir es uns angewöhnen, ihnen mit Achtung zu begegnen und dasselbe auch von ihnen fordern, werden Aggressionen abgebaut und das Klima entspannt sich merklich.

Wenn ich mich in Toggenburg aufhalte, wandere ich manchmal stundenlang in dieser schönen Berglandschaft umher. Meistens trage ich dann ein winziges Diktiergerät in meiner Jackentasche mit, um Gedanken und Ideen für mein nächstes Buch festzuhalten, die mir beim Gehen gerade einfallen.

Auf einer Wanderung begegnete ich kürzlich zwei Personen, die ich kenne. Über die erste Begegnung, einen ehemaligen Berufskollegen, freute ich mich sehr, denn ich hatte ihn einige Jahre nicht mehr gesehen. Wir setzten uns auf eine Bank und plauderten über vergangene Zeiten. Auf dem Rückweg begegnete ich der zweiten Person, einer Nachbarin, deren Gewohnheit es ist, sich stets in die Angelegenheiten anderer einzumischen. Mit ihr hielt ich die Unterhaltung so kurz wie möglich.

Als ich abends mein Gerät abhörte, um meine Gedanken in den Laptop zu schreiben, entdeckte ich, dass ich vergessen hatte, es auszuschalten. Und zu meinem Erstaunen stellte ich noch etwas fest: Bisher war ich der Meinung, mein Umgangston sei mit allen Leuten derselbe, nämlich freundlich und entgegenkommend. Weit gefehlt! Bei der Unterhaltung mit der Nachbarin war mein Ton unverbindlich und leicht angespannt, während er beim Kollegen heiter, interessiert und aufgeräumt klang. Das heißt: Unsere Stimme verrät sehr wohl unsere Stimmung!

Wie ist es aber im Umgang mit unseren Kindern? Es wäre interessant, hin und wieder ein solches Gerät mit dabeizuhaben und zu vergessen, es auszuschalten. Wir würden uns wundern und vielleicht auch erschrecken!

Achten wir auf unsere Stimme, unsere Worte, unsere Signale, unsere Körpersprache! Sie bestimmen das Klima in unserer Familie mit!

❖ ❖ ❖

Eine ähnliche kleine Geschichte erzählt uns ein Vater:

Meine Frau und auch die Kinder machten mich zuweilen auf den Ton aufmerksam, den ich ihnen gegenüber angeblich immer wieder draufhatte.

»Das wird nicht so schlimm sein!«, bagatellisierte ich dann jeweils ihre Vorwürfe.

Vorgestern kam meine Tochter mit dem Radiorecorder zu mir.

»Papa, ich habe da etwas aufgenommen. Hörst du es dir bitte an? Es geht nur zwei Minuten!«, sagte sie.

Ich stellte das Gerät ein und war entsetzt, mich selbst zu hören, wie ich mich in diesem ekelhaften Schulmeisterton mit meinen Kindern unterhielt. Und auch mit meiner Frau! Mein Gott, das ist ja grässlich! Ich liebe doch meine Familie!

Ich bin froh, dass ich mir diese Szene anhören musste, und achte jetzt auf meine Stimme und auf den Umgang mit meinen Lieben überhaupt.

❖ ❖ ❖

Eine Mutter berichtet:

Mein Mann Lorenz saß vor dem Fernseher und sah sich ein Fußballspiel an. Ich bereitete das Essen zu und zwischen dem Wohnzimmer und der Küche war Durchzug. Ich rief:

»Lorenz, schließ das Fenster!«

Keine Antwort! Das Fenster blieb offen. Lorenz war in das Spiel vertieft, und ich hörte, wie er von Zeit zu Zeit seiner Spannung mit Hurra- oder Buhrufen Luft gab. Noch drei Mal rief ich, jedes Mal ein wenig ärgerlicher. Dann lief ich wutschnaubend nach oben und mit einem Knall schlug ich das Fenster zu. Keine Reaktion. Nach dem Spiel entbrannte zwischen uns ein heftiger Streit. Dabei sagte mein Mann:

»Erstens hatte ich keine Zeit, das Fenster zu schließen! Und zweitens: Hättest du es mir freundlicher gesagt, hätte ich es geschlossen!«

Am folgenden Tag lag unsere elfjährige Tochter Regula mit ihrem Krimi bäuchlings auf dem Wohnzimmerteppich. Wir hatten abgemacht, um drei das Haus zu verlassen, um in die Stadt zu fahren. Es blieben bis dahin noch genau zehn Minuten. Schon wollte ich ihr in meinem »Schulmeisterton« zurufen, es sei höchste Zeit, sich fertig zu machen. Doch noch rechtzeitig fiel mir der gestrige Streit mit Lorenz ein. So sagte ich:

»Regula, dein Buch scheint spannend zu sein. Ärgerlich, wenn man mit Lesen aufhören muss. Doch in zehn Minuten müssen wir weg.«

Sie las noch fünf Minuten weiter. Dann legte sie, nicht ohne vor sich hin zu murren, ihre Lektüre weg und war rechtzeitig startbereit.

❖ ❖ ❖

Eine Geschichte aus unserem Kindergarten:

Wir sitzen schon im Morgenkreis. Da höre ich von der Garderobe her Sabinas Geschrei und die aufgeregten Stimmen ihrer Eltern. Die Bergers wohnen knapp fünf Kilometer vom Kindergarten entfernt. Jeden Morgen bringen sie ihre Tochter schon früh in den Kindergarten, weil sie anschließend gleich zur Arbeit fahren müssen. Doch heute sind sie spät dran und in der Garderobe ist offenbar ein handfester Streit im Gange. Frau Berger kommt kurz zu mir herein und erklärt mir, Sabina hätte heute früh die verrückte Idee gehabt, ihr Zimmer noch vor dem Frühstück aufzuräumen und zu reinigen, weil am folgenden Tag ihre Freundinnen zu ihrem Geburtstag eingeladen waren. Sie weigerte sich, in den Kindergarten zu kommen, und ein heftiger Streit entbrannte. Die Eltern wussten keinen anderen Ausweg, als ihre Tochter gewaltsam in den Kindergarten zu schleppen.

In der Garderobe ist es inzwischen ruhig geworden, und ich nehme an, dass die Eltern weggefahren sind. Ich schaue nach und sehe Sabina auf dem Boden liegen. Ihr Gesichtsausdruck ist trotzig, und sie ist wohl noch nicht bereit, in den Kindergarten hineinzukommen. Ich kenne Sabina schon seit zwei Jahren und weiß, dass sie in Ruhe gelassen werden will. Deshalb lasse ich die Türe ein wenig offen. Zehn Minuten später mischt sie sich unter die Kinder.

Um zwölf erscheint die Mutter, um Sabina abzuholen. Sie sagt zu mir:

Die ganze Aufregung heute früh und das Gezänk wären nicht notwendig gewesen. Wenn ich mich gestresst fühle, habe ich immer meinen »So-jetzt-aber-dalli-dalli-Ton« drauf. Es wäre doch viel besser gewesen, ich hätte so etwas gesagt wie:

»Da ist ja etwas im Gange, Sabina! Am liebsten möchtest du wohl noch stundenlang aufräumen. Doch wir müssen in zehn Minuten gehen!« Und wenn ich ihr vielleicht für den Abend meine Hilfe für ihre Putzorgie angeboten hätte, dann wäre sie bestimmt kooperativer gewesen. Ja, es trifft tatsächlich zu, dass der Ton die Musik macht! Und die Musik war heute bei uns alles andere als harmonisch!

❖ ❖ ❖

Die vierjährige Carla will für ihre Mama eine Halskette machen und holt das Schälchen mit den Perlen. Bevor sie mit ihrem Werk beginnt, taucht sie ihre kleine Hand in das Schälchen und lässt die Perlen durch ihre Finger gleiten. Das raschelt so schön, und sie lächelt. Die Praktikantin schaut zu und im Geiste sieht sie die Perlen wohl schon alle auf dem Fußboden liegen.

»Carla, pass doch auf, dass du das Schälchen nicht umkippst, sonst fallen sie runter«, schimpft sie mit dem Mädchen.

Als sich die Praktikantin entfernt, wirft Carla blitzschnell und mit voller Absicht eine Hand voll Perlen auf den Fußboden.

Sofort stelle ich das Schälchen weit oben ins Gestell, hole ein leeres, kleines Gefäß und sage ruhig und bestimmt:

»Carla, das ist für die Perlen.«

»Welche Perlen?«, fragt sie listig.

»Die Perlen, die auf dem Fußboden liegen.«

»Und weshalb hast du das Schälchen, wo noch Perlen drin sind, auf das Regal gestellt?«

»Es wartet auf Carla.«

Mit Kreide zeichne ich einen Kreis auf den Fußboden und gebe Carla einen Kartonstreifen, womit sie die Perlen in den Kreis hineinschieben kann. Das erleichtert ihr die Arbeit. Mit dem gleichen Kartonstreifen befördert sie die Perlen dann in eine kleine Schaufel. Nach einer Viertelstunde ist die Sache erledigt. Sie bekommt das Schälchen vom Regal zurück und beginnt, die Kette aufzufädeln.

Das »vorbeugende Schimpfen« – so erhoffte es sich die Praktikantin – hat nicht die erhoffte Wirkung gezeigt: Die Perlen lagen nun trotzdem, oder gerade deshalb, auf dem Fußboden und Carla war zudem noch trotzig. Schade!

Hier helfen nur noch eine ruhige, wohlwollend-konsequente Haltung und möglichst wenig Worte. Sich jetzt noch mit dem Kind herumzuzanken, würde seinen Widerstand nur noch steigern. Eine kleine Hilfestellung, wie hier der Kartonstreifen, erleichterte dem Kind das Zusammennehmen der Perlen. Sie tat es dann auch bereitwillig und entspannte sich bald wieder.

❖ ❖ ❖

Mara kommt schlecht gelaunt von der Schule zurück und motzt auch gleich ihre Mutter an. Die Mutter sagt:

»Hallo Mara. Schön, dass du da bist. Aber dein Ton passt mir überhaupt nicht. Am besten, du gehst gleich nochmals hinaus, klingelst und kommst anders wieder herein.«

Mara geht hinaus, kommt wieder zurück und motzt nicht mehr. In der Küche wäscht sie sich die Hände und lässt sich dann auf einen Stuhl plumpsen.

»So, und nun erzähl, was dir die Stimmung so sehr verdorben hat!« Mara berichtet von ihrem Frust mit ihrer Freundin.

❖ ❖ ❖

Eine Mutter:

An unsere Pinnwand habe ich ein Blatt befestigt. Darauf stehen die drei Worte:

»Liebe, Achtung, Respekt«.

Wenn ich einmal so richtig wütend auf meine Kinder oder auf meinen Mann bin, versuche ich, mich an diese drei Worte zu erinnern. Selbstverständlich kommt es immer wieder vor, dass ich lauthals drauflos schimpfe. Doch diese drei Worte helfen mir, meine mir liebsten Menschen nicht mit Worten zu verletzen.

❖ ❖ ❖

10.
Zuhören heißt: Eigenes für eine Weile loslassen!

»Adieu«, sagte der Fuchs. »Hier mein Geheimnis. Es ist ganz einfach: Man sieht nur mit dem Herzen gut. Das Wesentliche ist für die Augen unsichtbar.«
(aus »Der Kleine Prinz« von Antoine de Saint-Exupéry)

Wenn uns jemand mit dem Herzen zuhört, wissen wir, dass wir es ihm wert sind. Wir sind ihm wertvoll.

Zuhören bedeutet nicht nur, mit den Ohren zu hören. Es bedeutet, den anderen wahrzunehmen mit seinen Gefühlen und seinem Befinden. Zuhören heißt: Eigenes für eine Weile loslassen, sich ganz dem Erzählenden zuwenden und seinem Weg lauschen. Zuhören ist ein Geben und Nehmen der Herzen, wie das Zusammenspiel eines Orchesters. Jedes Instrument hat seinen eigenen Klang und zusammen können sie einen harmonischen Einklang ergeben.

Unserem Kind müssen und können wir nicht rund um die Uhr zuhören. Vor allem dann nicht, wenn seine Worte stundenlang wie ein munteres Bächlein dahinplätschern. Getrost können wir ihm nach einer Weile sagen, dass auch wir jetzt etwas Ruhe, eine eigene »Nachdenk-Zeit«, benötigen. Wir werden vielleicht einen »Wecker« stellen, um ihm unsere Auszeit überblickbar zu machen.

Sehr wohl werden wir aber wahrnehmen, wenn uns das Kind etwas Wichtiges mitteilen will. Dann werden wir vielleicht unsere Arbeit für einen Augenblick weglegen, werden innehalten, um ihm unsere volle Aufmerksamkeit zuzuwenden. Sehr leicht kann es sonst vorkommen, dass wir an unserem Kind vorbeileben, ohne uns dessen bewusst zu werden.

Im Buch »*Lieben – ermutigen – loslassen*« *(Seite 156 ff.)* habe ich betont, wie wichtig es ist, dass wir uns jeden Tag, zumindest ein Mal, für eine Weile zu unserem Kind hinsetzen und ihm zuhören. Einfach nur zuhören – stille sein, ohne gleich unsere Ansicht dazu kund zu tun. Haben wir Geduld, und lassen wir unser Kind ausreden, auch wenn es in seinen Äußerungen vielleicht noch langsam und ein wenig ungeschickt ist.

Hilfreich zuhören ist eine Kunst, die es zu üben gilt. Es lohnt sich tausendmal! Denn wenn wir den Seelen unserer Kinder lauschen, werden wir überrascht sein, wie sich manche Konflikte und Spannungen ganz von selbst lösen und das Zusammenleben in der Familie friedlicher und harmonischer wird.

❖ ❖ ❖

Eine Kursteilnehmerin berichtet unter Tränen:

Als ich ein Kind war und meiner Mutter etwas erzählte, legte sie ihr Buch nicht weg. Sie blickte auch nicht auf, und ich beobachtete genau, wie sich ihre Augen beim Lesen hin und her bewegten. Irgendeinmal verstummte ich, und auch heute noch habe ich große Mühe, mich zu äußern, weil ich denke, dass das, was ich sagen möchte, ja doch niemanden interessiert.

❖ ❖ ❖

Ein Vater erzählte:

Ich kam voller Sorgen nach Hause. Es ging der Firma sehr schlecht und ich bangte um meine Stelle. Nach dem Abendessen erzählte ich es meiner Frau Liliane.

»Mach dir keine Sorgen«, sagte sie leichthin, »die Sache wird sich bestimmt zum Guten wenden!«

Wir bekamen ernsthaften Streit, denn ich fühlte mich in meiner Not von Liliane im Stich gelassen. Sie aber erklärte mir am folgenden Tag:

»Ich war zu Tode erschrocken, als ich deine Hiobsbotschaft erfuhr. Doch ich schluckte meine Panik hinunter und wollte dir mit meinen beschwichtigenden Worten den Kummer etwas leichter machen.«

Das hatte zur Folge, dass ich mich von ihr nicht ernst genommen fühlte. Ich denke, es ist sehr schwierig, hilfreich zuzuhören, wenn man selbst Angst hat.

❖ ❖ ❖

Wenn mein kleiner Sohn im Bett liegt, hole ich das selbst gemachte, nach Lavendel duftende Körperöl und massiere damit seine kleinen Füße. Dabei bin ich ganz still. Ganz von selbst beginnt er dann von seinem Tag zu berichten, sprudelt wie ein Bächlein. Das sind für uns beide die »trauten« zehn Minuten. Manchmal schläft er dabei ganz friedlich ein und erwacht am folgenden Tag meist gut gelaunt.

❖ ❖ ❖

Ein Seminarteilnehmer erzählt:

Mein Eineinhalbjähriger nervte mich immer wieder, indem er den Lichtschalter im Flur betätigte: ein – aus, ein – aus. Statt wie bisher zu zetern oder ihm gar eins zu verpassen, setzte ich mich gestern zwei Minuten lang zu ihm hin, schaute einfach zu und hörte mir seinen Kommentar an. Seither ist für ihn das »Lichteln« nicht mehr so spannend, weil ich ihm die Möglichkeit gewährt hatte, es mir vorzuführen.

❖ ❖ ❖

Eine junge Mutter:

Meine Eltern waren beruflich sehr engagiert und hatten kaum Zeit, auf mich einzugehen. Aber ich hatte eine Oma und die fand immer Zeit für mich. Wenn ich zu erzählen begann – ich konnte mit ihr über alles sprechen –, hatte sie immer diese vertraute kleine Geste: Sie strich sich eine Haarsträhne hinter ihr rechtes Ohr zurück. Das bedeutete, dass sie voll für mich da war. Sie schenkte mir ihre ungeteilte Aufmerksamkeit, äußerte sich hin und wieder verständnisvoll, nahm mich einfach mit ihrem ganzen Wesen wahr. Die damaligen Stunden bei Oma bedeuten mir noch heute einen reichen Schatz, den ich als kostbares Gut bewahre. Oma ist jetzt sehr alt. Ich liebe und verehre sie und hoffe, dass sie noch lange lebt.

❖ ❖ ❖

Ein Vater:

Nachdem ich mich nach einem hektischen Arbeitstag zu Hause ein wenig entspannt habe, setze ich mich zu meiner kleinen Tochter ins Spielzimmer. Ich frage sie nicht aus, bin einfach da. Manchmal nimmt sie kaum Notiz von mir, genießt aber sichtlich meine Gegenwart. Und manchmal kuschelt sie sich auf meinen Knien zurecht und beginnt, kunterbunt von ihrem Tag zu berichten.

❖ ❖ ❖

Ein Schüleraufsatz:

Mein Vater

Wenn mein Vater am Sonntag mit dem Hund Gassi geht, darf eines von uns Kindern mit. Wir sind dann immer neidisch auf das, welches mit darf. Weil nämlich sonst mein Vater spät nach Hause kommt und müde ist und noch arbeiten muss und uns nie zuhört, wenn wir ihm etwas erzählen. Und deshalb erzählen wir ihm auch nichts. Aber am Sonntag gehen wir ihm nicht auf die Nerven und er hat meistens gute Laune. Besonders, wenn er mit dem Hund spazieren geht. Und ich kann ihm alles erzählen, was ich will, und er hört zu und schimpft nicht. Und ich gebe ihm die Hand und hüpfe neben ihm her. Am liebsten möchte ich immer so neben ihm herhüpfen.

❖ ❖ ❖

Eine Kursteilnehmerin:

Am Abend kommt mein Mann Thomas meist aufs Äußerste angespannt nach Hause. Beim Abendessen dann erträgt er die Lebendigkeit unserer drei Kinder nicht, schreit sie wegen jeder Kleinigkeit an oder schickt sie vom Tisch weg. Ich weiß, dass seine Tage fast unerträglich stressig sind, und versuche, Verständnis aufzubringen. Doch bedeuten die Abende für uns alle, auch für ihn, eine Qual. Und manchmal konnte ich es mir nicht verkneifen, zu sagen:

»Ach lass sie doch, Thomas!«, was ihn nur noch mehr ärgerte.

Das Kursthema »Zuhören« hat mich nachdenklich gestimmt, und ich nahm mir vor, vermehrt auf Thomas und die Kinder einzugehen, nicht nur mit den Ohren zuzuhören, sondern auch mit dem Herzen. Und als Thomas vorgestern wieder angespannt und mit zusammengepressten Lippen am Tisch saß, weil sich die drei kichernd mit den Ellenbogen anstießen, sagte ich:

»Ich glaube, Thomas, das nervt dich nach deinem Stress im Betrieb!« Und zu den Kindern gewandt sagte ich:

»Jetzt ist nicht Blödelzeit! Kämpfen könnt ihr nachher!«

Meinem Mann blieb der Mund offen. Und als sich wenig später die Kinder darüber stritten, wer sich die größte Nachspeise genommen habe, sagte er:

»Sascha, Sandro und Vera, ich bin heute echt geschafft und will jetzt kein Gezänk von euch hören! Nach dem Essen werden wir darüber sprechen, wie wir unsere Tischsituation in den Griff bekommen können.«

Wir setzten uns dann auch wirklich zusammen und einigten uns darauf, dass sich der Vater künftig beim Nach-Hause-Kommen eine Auszeit nehmen werde, während der wir ihn in Ruhe lassen müssten. Es hat Wunder gewirkt: Das Abendessen und der Abend überhaupt verlaufen seither friedlicher und entspannter.

❖ ❖ ❖

Eine berufstätige Mutter:

Nach einem meiner sehr bewegten Tage im Krankenhaus ist es mir nicht immer möglich, gleich beim Nach-Hause-Kommen auf meine Kinder einzugehen, weil ich zuerst Distanz zum Tagesgeschehen schaffen und mich ein wenig erholen muss. So sage ich:

»Im Moment kann ich euch noch nicht gut zuhören – weil ich nachdenken muss. Ich mache noch einen kleinen Marsch. In einer Viertelstunde bin ich zurück und ganz für euch da.«

An den Tagen, wo ich meinen Beruf ausübe, sorgt meine wunderbare, jung gebliebene Mutter für die Kinder. Sie bleibt dann noch bei ihnen, bis ich vom Marsch zurück bin.

Bis ich das Nachtessen zubereitet habe, ist meistens auch mein Mann von der Arbeit zurück und bei Tisch haben wir offene Ohren für die Erlebnisse unserer Racker.

❖ ❖ ❖

Luisa, elfjährig:

Wochentags ist Vater müde, wenn er nach Hause kommt. Beim Abendessen möchte er während der ersten zehn Minuten seine Ruhe haben und wir müssen stille sein. Daraus hat sich eine Familientradition ergeben: Am Wochenende werden die Rollen getauscht. Vater und Mutter sind während der ersten zehn Minuten still und lassen uns erzählen.

❖ ❖ ❖

Eine Mutter berichtet:

Wenn jemand in unserer Familie traurig ist oder Sorgen hat, darf es sich in den Schaukelstuhl setzen. Das ist unser Sorgenstuhl und dort wird er angehört.

❖ ❖ ❖

Eine Mutter:

Meine Tochter hat eine recht schwierige Phase. Und manchmal weiß ich kaum mehr ein und aus und möchte abends mit meinem Mann über die Geschehnisse des Tages sprechen. Das ist nicht einfach, denn oft muss er auch zu Hause noch für den Betrieb arbeiten. Ich verstehe sehr wohl, dass es ihm dann nicht leicht fällt, ein offenes Ohr für unsere Familienangelegenheiten zu finden. Nun habe ich mir eine Lösung überlegt:

Wenn es bei uns zu Hause »brennt«, rufe ich meinen Mann im Büro an und bitte ihn, sich am Abend eine halbe Stunde für ein Gespräch freizuhalten.

Im Laufe des Tages lösen sich die Probleme manchmal von selbst und ich muss ihn dann abends nur noch darüber informieren.

❖ ❖ ❖

Eine Mutter:

Bisher wollte ich immer ganz genau wissen, wie sich meine Tochter fühlt und was alles sie den Tag über in der Schule erlebt hat. Ich »löcherte« sie die ganze Zeit, ganz ohne Erfolg: Sie blieb stumm. Eine Freundin sagte mir, ich dürfe nicht so sehr in mein Kind eindringen, denn es hätte ein Anrecht auf sein »Privatleben«, sein eigenes Schlupfloch. Zuerst wollte ich das nicht akzeptieren. Dann aber hörte ich mit der ewigen Fragerei auf, setzte mich stattdessen für eine Weile zu ihr hin, zum Beispiel, wenn sie ihre Milch trank. Mit dem Resultat, dass Christine nach einiger Zeit von selbst anfing, von ihren Erlebnissen zu berichten.

❖ ❖ ❖

Eine Hauswirtschaftslehrerin:

Ich habe jeden Tag zwei Klassen, mit denen ich koche. Bei der anschließenden Mahlzeit ergibt sich unter den Schülerinnen und Schülern manches Gespräch über das Leben, die Familie, die Liebe. Diese Mahlzeiten bieten mir eine gute Gelegenheit, ihnen zuzuhören und mit ihnen ins Gespräch zu kommen, sie aufzufangen, wenn sie Probleme haben. Das ist mir ein echtes Anliegen. So komme ich nicht darum herum, jedes Mal mit ihnen zusammen zu essen. Und weil mir meine eigene Familie genauso sehr am Herzen liegt, esse ich abends zu Hause auch noch ein Häppchen mit.

❖ ❖ ❖

Eine Mutter, deren ruhige Ausstrahlung mir auffällt:

Ich erinnere mich nicht mehr, wie oft und mit welchen Mitteln uns die Eltern damals Grenzen gesetzt haben. Sicher ist auch bei uns zu Hause nicht alles wie am Schnürchen gelaufen. Und bestimmt haben auch meine Eltern Fehler gemacht. Aber an etwas erinnere ich mich noch sehr gut. Wenn wir etwas auf dem Herzen hatten oder wenn wir einfach erzählen wollten, waren sie stets für uns da und hatten offene Ohren. Das ist mein wertvollstes Kapital, aus dem ich schon in manch schwierigen Zeiten Mut und Kraft geschöpft habe.

❖ ❖ ❖

Und zum Schluss möchte ich noch die E-Mail einer Mutter erwähnen:

Liebe Heidi,

Ich möchte dir nochmals für dein wunderbares Buch und den Eltern-Workshop danken. Mitunter kommen mir immer wieder deine Worte in den Sinn, die ich auch immer wieder umsetzen kann. Ich möchte dir etwas erzählen:

Wir waren fast vier Wochen bei Freunden in Neuseeland zu Besuch. Als es Zeit wurde für unsere Abreise, bekam ihr vierjähriger Sohn einen heftigen Trotzanfall. Tränen liefen ihm über sein Gesicht. Er warf sich auf das Sofa und schlug mit den Fäusten auf das Polster:

»Nein, nein, nein, ihr dürft nicht gehen!«

Die Erwachsenen um ihn herum versuchten, ihn zu trösten: »Sie kommen ja wieder einmal!«, oder zu erklären: »Das Flugzeug fliegt bald«, oder das Ganze herunterzuspielen: »Mach doch nicht so einen Aufstand!«

Als das alles nichts half, machten sich alle langsam auf den Weg zur Türe, um Abschied zu nehmen. Ich blieb einen Augenblick stehen. So wollte ich ihn nicht verlassen! Es fiel mir dein Buch ein. Hatte jemand seine Gefühle zurückgemeldet oder versucht, ihn zu verstehen? Niemand! Er kam sich sicher sehr alleine vor. Also setzte ich mich zu ihm und sagte leise:

»Ich verstehe, dass du jetzt traurig bist und vielleicht auch wütend, dass unsere Zeit einfach so plötzlich vorbei ist. Weißt du, das geht mir auch so. Ich bin auch etwas traurig und etwas wütend.«

Sein kleiner Körper entspannte sich und er schluchzte noch. Die anderen riefen von draußen, es sei jetzt Zeit, zu gehen.

»Jetzt ist es Zeit, dass ich gehe«, sagte ich zu ihm. Ich gab ihm noch einen Kuss auf die Wange, und als ich von der Türe her zurückblickte, drehte er mir sein Gesicht zu und winkte mir zögernd mit seiner kleinen Hand. Ich werde nie vergessen, wie viel ein bisschen Verständnis bewirken kann.

Vielen Dank nochmals! Und viele Grüße!

Ava

Ich möchte nochmals wärmstens empfehlen, Kindern mit dem Herzen zu lauschen, ihren Worten, ihrem Lachen, ihren Tränen, ihrer Wut.

Natürlich musste Ava gehen, das stand fest. Aber dass sie, statt zu tadeln, zu belehren oder zu bagatellisieren, dem kleinen Jungen mit ein paar wenigen, verständnisvollen Worten zurückgemeldet hat, dass sie seinen Kummer ernst nahm und verstand, das hat in seinem Herzen ein kleines Wunder bewirkt.

❖ ❖ ❖

11.
Wie die Kinder es erleben

Statt uns zu sorgen und zu grämen, freuen wir uns über unsere Kinder, diese einmaligen Lebenskünstler, die unser Herz so unendlich reich beschenken, wie sonst niemand auf der Welt!

Kinder beobachten genau! Viele Eindrücke, die wir Erwachsenen nicht einmal mehr wahrnehmen, können Kinder nachhaltig beeindrucken und beschäftigen. Deshalb ist es so wichtig, dass wir ihre Fragen und Äußerungen ernst nehmen und nach bestem Wissen und Gewissen darauf eingehen. Wenn wir ihre Welt als Kinderkram abtun oder vielleicht gar belächeln, finden sie ihre eigenen Antworten und ziehen ihre eigenen Schlüsse. Kinder haben ihre eigene Wirklichkeit und möchten von uns ernst genommen werden, auch wenn wir ihre Wirklichkeit nicht immer nachvollziehen können. Nehmen wir unsere Verantwortung wahr und begleiten wir sie liebevoll dabei, die Welt zu erkunden und zu verstehen, das ist echte Lebenshilfe an unseren Kindern! Dazu einige kleine Geschichten, die uns sicherlich auch zum Schmunzeln bringen können:

❖ ❖ ❖

Im Kindergarten:

Daniel hat ein Brüderchen bekommen, und ich erhasche das folgende Gespräch unserer Dreijährigen:

»Als unser Baby aus dem Bauch von meiner Mama rausgekrochen war, da hat sie schnell wieder zugemacht, damit es nicht wieder hineinkriecht«, meint Nina.

»Du spinnst, frisch geschlüpfte Babys können nicht kriechen«, protestiert Eric.

❖ ❖ ❖

Anne hat schon seit einigen Minuten die Hände »unten«, und ich denke, sie müsse wohl auf die Toilette. Leise sage ich zu ihr:

»Anne, es ist vielleicht besser, du gehst auf die Toilette. Dann ist dir nachher bestimmt wieder wohler.«

Anne strahlt mich an und erwidert:

»Nein, nein, das ist nicht notwendig. Weißt du, da unten ist es so witzig und schön!«

❖ ❖ ❖

Im Kindergarten erzähle ich den Kindern von Mozart, und dass er da drin – und damit zeige ich auf meine Brust – immer so schöne Melodien gespürt und dann aufgeschrieben habe, damit wir uns auch heute noch darüber freuen können. Bei dieser Gelegenheit erkläre ich ihnen, was »Komponieren« bedeutet. Am folgenden Tag diskutieren die Kinder über das Komponieren.

Hella sagt:

»Der Mozart spürte da drin …«

»… ganz fest den Husten!«, ruft Monika begeistert in die Runde.

❖ ❖ ❖

Olivia sagt zu ihrer Mutter:

»Du Mama, wir haben eine neue Praktikantin und die heißt so etwas wie WC.«

»WC? Bist du sicher? Das kann nicht sein.«

»Ich weiß es nicht mehr ganz genau. Aber sie heißt so etwas wie Toilette.« Nach einer Weile ruft sie:

»Jetzt weiß ich es – sie heißt Antoinette!«

❖ ❖ ❖

»Mama, die Sonne scheibt durchs Fenster!«

»Ja tatsächlich, die Sonne scheint durchs Fenster!«

»Nein, sie scheibt durch die Scheibe und deshalb scheibt sie!«

❖ ❖ ❖

Mutter fragt Großvater:

»Hast du ein Nickerchen gemacht?«

»Nicht wissentlich«, entgegnet Großvater etwas ungeduldig.

Jennifer unterbricht ihr Spiel und fragt:

»Was heißt das: ›Nicht wissentlich‹?«

»Das heißt, dass es mich nicht besonders interessiert«, sagt Opa. Jennifer ist mit der Antwort zufrieden und spielt weiter.

Am Abend will Jennifer noch fernsehen. Die Mutter fragt, ob sie ihre Schulaufgaben gemacht habe.

»Nicht wissentlich!«, entgegnet Jennifer.

Die Antwort erscheint der Mutter höchst suspekt und Jennifer muss ihr das Schulheft zeigen. Wie Mutter vermutet hat, sind die Schulaufgaben überhaupt nicht gemacht.

❖ ❖ ❖

Im Kindergarten sage ich:

»Statt zu malen, modellieren wir heute.«

Die Kinder sind begeistert. Als Lisa von ihrer Mutter abgeholt wird, sagt sie:

»Mama, heute haben wir nicht gemalt, wir haben demonstriert!«

❖ ❖ ❖

»Mama, wohin geht die Flamme, wenn sie ausgeblasen ist?«

❖ ❖ ❖

Regula braucht viel Schlaf und muss am Abend früh zu Bett.

»Immer muss ich ins Bett, wenn die anderen Kinder noch draußen spielen dürfen!«

»Du bist nicht die anderen Kinder! Du bist Regula Ambach«, erwidert der Vater.

Eine Woche später fragt Regula ihre Mutter:

»Wann bekomme ich endlich eine Barbiepuppe?«

»Barbiepuppen, das ist Kitsch! Deine Freundin hat auch keine und ist trotzdem zufrieden!«

Regula stampft auf den Boden und ruft:

»Ich bin nicht meine Freundin, ich bin Regula Ambach!«

❖ ❖ ❖

Bevor Frau Lechner am Samstag zu mir in den Elternkurs kommt, will ihr Sohn Nils wissen, was sie denn da so lerne.

»Ich lerne, wie ich es machen kann, damit du besser gehorchst.« Gelassen erwidert Nils:

»Das schaffst du eh nie!«

❖ ❖ ❖

Im Bilderbuch sieht Samuel ein Huhn und einen Wurm, und er fragt seinen Großvater:

»Opa, was macht das Huhn?«

»Es frisst den Wurm.«

»Und wenn der Wurm nicht will?«

❖ ❖ ❖

Der Großvater unserer vierjährigen Lydia ist kurz vor Weihnachten gestorben. Er war schon längere Zeit krank, und es blieb uns genügend Zeit, Lydia auf seinen Tod vorzubereiten. Wir sagten ihr, er sei im Krankenhaus und sehr, sehr müde. Und als er dann starb, war es trotzdem schwierig, es ihr beizubringen, weil sie ihn sehr liebte.

»Wir können ihn nicht mehr sehen, aber er kann uns sehen«, erklärten wir ihr.

»So wie das Christkind?«, fragte Lydia. Wir bejahten und Lydia ging spielen. Am nächsten Morgen kam sie hüpfend zu mir und verkündete:

»Dann kann ich ja dem Opa ein Briefchen vors Fenster legen, was ich mir zu Weihnachten wünsche!«

❖ ❖ ❖

Kurz bevor der dreijährige Ivan ins Freie geht, tadelt ihn seine Mutter wegen einer Kleinigkeit. Offenbar empfindet er die Rüge als ungerecht, denn er pflanzt sich finsteren Blickes vor ihr auf und erklärt feierlich:

»Mama, ich will dich gar, gar, gar nie, nie, nie mehr sehen!« Dann überlegt er kurz, holt einmal tief Luft und ergänzt: »… draußen im Garten!«

❖ ❖ ❖

Andrin fragt seinen Vater:

»Papa, warum heißt dieses Mädchen Amancaya?«

Vater bemüht sich, eine passende Antwort zu finden, und denkt nach. Da kommt ihm die vierjährige Eike zu Hilfe:

»Ihre Mami und ihr Papi haben sie so getauft, deshalb heißt sie so.«

❖ ❖ ❖

Im Kindergarten erkläre ich unserem kleinen Rechenkünstler Jan die geraden und die ungeraden Zahlen. Wie erwartet begreift er mit Leichtigkeit. Doch etwas scheint ihn zu irritieren, denn er schaut mich mit seinem bekannten »Das-geht-doch-auch-einfacher-Blick« von oben herab an. Und als ich ihn frage, was für eine Zahl die Sieben sei, entgegnet er trocken:

»Eine krumme.«

❖ ❖ ❖

Annina: »Das hast du absichtlich gemacht!«

Fabian: »Hab ich nicht!«

Annina: »Hast du doch! Hättest du es nicht absichtlich gemacht, dann hättest du es ja gar nicht gemacht!«

❖ ❖ ❖

Eine Mutter sagt zu ihrer vierjährigen Tochter:

»Alissa, bitte lösch noch das Licht im Flur!«

Alissa: »Ich bin aber müde!«

Mutter: »Ich bin auch müde!«

Nach einer Weile sagt die Mutter:

»Das Licht brennt noch immer im Flur!«

Alissa bleibt sitzen und meint:

»Am besten du wärst nicht so müde!«

❖ ❖ ❖

In der Werkstätte hat sich Vater das Schienbein angeschlagen. Er brüllt auf vor Schmerz und hüpft fluchend auf einem Bein herum. Interessiert schaut Andi zu und fragt:

»Papa, schimpfst du so laut, damit du nicht weinen musst?«

»Genau!«, sagt Vater, nachdem der Schmerz etwas nachgelassen hat.

»Hilft das?«

»Ja, du siehst, jetzt tut es mir nicht mehr so sehr weh!«

Am Abend kommen die Großeltern zum Nachtessen und alle sitzen am Tisch. Andi beißt herzhaft in sein Stück Pizza, brüllt los und flucht, was das Zeug hält. Entsetzt sehen ihn die Erwachsenen an.

»Jetzt tut es nicht mehr so weh«, meint er erleichtert. Die Pizza war tatsächlich recht scharf geraten.

❖ ❖ ❖

»Mama, warum muss ich schon zu Bett gehen?«

Mutter: »Ich will jetzt kein ›warum‹ mehr hören!«

»Ja, aber weshalb muss ich schon zu Bett gehen?«

❖ ❖ ❖

Als sich unsere kleine Beatrice zum ersten Mal in den Finger schnitt, meinte sie erstaunt:

»Schau Mama, da kommt Nagellack raus!«

❖ ❖ ❖

Der zweieinhalbjährige Urs sitzt auf Vaters Schultern und schaut atemlos dem Neujahrsfeuerwerk über dem Zürichsee zu. Lange sagt er kein Wort. Dann bricht es aus ihm heraus: »Papi, Papi, so etwas Schönes habe ich noch nie erlaubt!«

12.
Und sonst noch ...

Leben wir mit unseren Kindern, und freuen wir uns über ihre so vielen guten Seiten!

Hier habe ich einen bunten Korb voller Beiträge für Sie gesammelt, die sonst unter keinem anderen Kapitel Platz fänden. Beim Niederschreiben bin ich hin und wieder nachdenklich geworden, habe auch immer wieder geschmunzelt und mich gefreut. Lesen Sie selbst:

Die Mutter erwartet Besuch.

»Wenn ihr artig seid, dürft ihr euch am Kiosk etwas kaufen.«

Die Kinder verhalten sich recht annehmbar und dürfen sich, wie versprochen, dafür etwas kaufen.

Zwei Tage später kündet die Mutter Omis Besuch an. Die Kinder freuen sich, und erwartungsvoll schauen sie ihre Mutter an:

»Was bekommen wir, wenn wir artig sind?«, fragt eines.

❖ ❖ ❖

Im Malatelier diskutieren die Fünfjährigen über Gefängnisse.

»Knast ist cool! Die Zellen sind ganz groß, und man kann wählen, was man essen will«, verkündet Gregor großmäulig.

»Du lügst!«, ruft Aline, »die Zellen sind nur so groß wie unser Badezimmer. Und Essen kann man nicht auswählen. Und es gibt nie Schnitzel mit Pommes!«

»Und kein Eis!«, bekräftigt Richi.

»Gibt es doch! Und man kann das Gefängnis verlassen, wann immer man will. Das ist in Amerika so.«

»Ganz sicher nicht«, meint Richi, »sonst könnte man ja gleich wieder klauen!«

»Und einbrechen, und zu schnell fahren«, sagt Aline.

»Und man kann im Gefängnishof spielen, was immer man will!«, trumpft Gregor auf.

»Im Gefängnishof gibt es Aufseher, für wenn du etwas Freches machst. Und du musst immer rundherum gehen. Das habe ich im Fernsehen gesehen«, gibt Richi zu bedenken.

»Da will ich nicht hin! Niemals! Willst du denn ins Gefängnis, Gregor?«, fragt Aline.

»Für mich ist das kein Problem! Mein Vater hat genug Geld, um mich wieder rauszuholen«, brüstet sich Gregor.

❖ ❖ ❖

Auf dem Parkplatz findet die Mutter eine Geldbörse mit zweihundertdreiundzwanzig Euro.

»Nicht schlecht«, meint sie zu ihren drei Kindern, »das ist genau so viel, wie das Fahrrad gekostet hat, das dir gestohlen wurde, Anna!«

Zu Hause setzen sie sich in die Küche und untersuchen die Börse: ein Ausweis, einige Bankkarten, das Foto einer Frau mit zwei Kindern. »Nicht wahr, Mama, das Geld gehört uns, weil wir es gefunden haben?«, fragt Anna.

Mutter überlegt: »Weißt du noch, Anna, als dir dein Fahrrad gestohlen wurde?«

»Das war mega-gemein! Und ich musste dann immer zu Fuß zur Schule!«

»Aber nicht wahr, Mutti, niemand würde eine Geldbörse mit zweihundertdreiundzwanzig Euro zurückgeben!«, ruft Beat. »Und überhaupt, vielleicht wohnt der Besitzer in einer anderen Stadt!«

»Ja, und überhaupt, er kann ja besser auf seine Sachen aufpassen, sonst ist er ganz alleine schuld, wenn er sie nicht mehr hat!«, meint Celina.

»Ich weiß nicht recht«, überlegt die Mutter. »Vielleicht ist er ein ehrlicher Mann und hat bisher alle Gegenstände, die er gefunden hat, dem Eigentümer zurückgegeben. Und jetzt bekäme ausgerechnet er seine Börse nicht zurück. Das wäre wohl eine ganz arge Enttäuschung für ihn.«

Sie legt das Foto auf den Tisch.

»Das sind bestimmt seine Kinder. Und die benötigen vielleicht neue Schuhe, oder ein Fahrrad, oder sonst was.«

Stille in der Küche.

Dann sagt Celina zögernd: »Wollen wir es ihm zurückgeben?«

»Wir wissen ja gar nicht, wem es gehört!«, ruft Beat.

»Aber wir könnten es der Polizei bringen«, überlegt Celina.

Nach einigem Hin und Her beschließen die Kinder, ihren Fund gemeinsam zur Polizei zu bringen. Aufgeregt berichten sie zu Hause vom Besuch.

Dann vergessen sie die Geldbörse.

Einige Tage darauf klingelt ein Mann an der Wohnungstüre. Er bedankt sich für die Geldbörse, und bei einer Tasse Kaffee erzählt er von seiner Familie, dem Hund und seinen Erlebnissen als Busfahrer. Er lädt sie dann auch ein zu einer Busfahrt und einem Eis. Und mit dem Finderlohn, den er der Mutter abgibt, werden sie gemeinsam etwas Spannendes unternehmen.

❖ ❖ ❖

Eine Mutter berichtet:

Die Kindergärtnerin unseres Dorfes hat versucht, bei den Kindern die folgenden Regeln zu festigen:

Stühlchen richtig hinstellen!
Farbstifte korrekt ordnen!
Spielsachen schön aufräumen!
Hausschuhe schön hinstellen!
Die »schöne« Hand zum Gruß reichen!
Schön essen!
Nicht hauen und nicht spucken!
Toilettentüre immer schön schließen!

Vor einer Woche hat sie in der Garderobe eine Plakatwand anbringen lassen. Darauf sind, ordentlich untereinander, die Fotos der einzelnen Kinder angebracht. So kann sie jeden Tag einen »Smily« oder einen »Schmolly« neben jedes Foto heften. Die Smilys sind sonnengelb und bedeuten: »Du warst heute brav!« Die Schmollys hingegen sind grau, und das heißt: »Heute war ich nicht zufrieden mit dir.« Damit erhofft sie sich eine diszipliniertere Kinderschar. Die Kehrseite: Jedes Kind weiß nun genauestens über sein heutiges »Betragen« – und das der anderen – Bescheid.

Auf dem Nachhauseweg hörte ich ein Kind zum anderen sagen:

»Ich bin lieb, weil ich einen Smily bekommen habe.«

Von diesem Tage an veränderte sich das Klima im Kindergarten. Die Stimmung wurde aggressiv, und auf dem Nachhauseweg nehmen die Schlägereien zu.

❖ ❖ ❖

Eine Kursteilnehmerin:

Wenn mein Sohn mich etwas fragt und ich weiß nicht gleich eine Antwort oder bin im Stress, dann sage ich:

»Du Ewald, im Augenblick habe ich echt keine Zeit«, oder: »Ewald, das ist eine schwierige Frage, ich muss zuerst ein Weilchen darüber nachdenken!«

Dann notiere ich die Frage auf ein Papier, lege es auf meinen Schreibtisch und erkläre:

»Ewald, ich habe mir deine Frage aufgeschrieben und werde darauf zurückkommen.«

Darüber ist mein Sohn ganz stolz. Er fühlt sich ernst genommen, weil mir sein Anliegen so wichtig ist. Die Wartezeit nimmt er gerne auf sich.

❖ ❖ ❖

Die Mutter von vier lebendigen Kindern erzählt:

Wenn ich so richtig sauer bin, nehme ich den Hund und gehe joggen. Im Wald gibt es eine Abkürzung, die kaum jemand kennt und wo mich wohl auch niemand hören kann. Denn dort fluche ich und schimpfe über meine Kinder, auch manchmal über meinen Mann. Das gibt mir Luft, und ich beruhige mich allmählich, beginne meine Familie zu verstehen, und am Schluss liebe ich sie wieder von ganzem Herzen. Das ist für mich Seelenhygiene, die mir immer wieder hilft, mich zu versöhnen und zu mir selbst zu finden.

Anschließend an meine »Exkursionen« hat sich auch schon manch klärendes Gespräch mit meinen Lieben ergeben.

❖ ❖ ❖

Eine Mutter hat genug von »Super«-Geburtstagsfeiern und denkt sich etwas Neues aus. Sie füllt flache Schalen mit Erde, Kies, Wasser, zerknüllter Alufolie, Holzspänen und Zeitungsschnipseln und stellt sie im Garten auf. Vom Geburtstagskind geführt, gehen seine kleinen Freunde mit bloßen Füßen, verbundenen Augen und viel Geschrei über diesen Parcours. Dann bauen sie eine Hütte, fachen ein Feuer an und machen Schlangenbrot, kochen Suppe, Würstchen und Nudeln. Und Selbstverständlich gibt es Leckereien zum Nachtisch. Die Kinder fanden das Fest »mega-cool«.

❖ ❖ ❖

Noch eine kleine Geschichte aus unserem Kindergarten:

Seit einigen Tagen war Michael unruhig und weinerlich und wollte nicht mehr in den Kindergarten kommen. Weder seine Mutter noch ich fanden den Grund seiner Unlust heraus. Bald gab ihn die Mutter in einen anderen Kindergarten.

Ein Jahr später äußerte Michael den Wunsch, mich zu besuchen. Er kam mit leuchtenden Augen bei uns an und hielt mir einen großen, selbst bemalten Stein als Geschenk hin. Er war glückselig und blieb den ganzen Vormittag über bei uns. Als ihn die Mutter abholte, erzählte sie mir, weshalb Michael damals nicht mehr kommen wollte: Seine kleine Freundin Pia hatte ihm beim Pipimachen zugesehen und gewarnt:

»Du darfst beim Pipimachen nicht stehen, sonst bekommst du Schelte!«

Weil Michael nicht so recht wusste, wie man das Pipi im Sitzen macht, und panische Angst vor Schelte hatte, wollte er nicht mehr in den Kindergarten kommen. Mit seinen Eltern sprach er erst viel später darüber.

Pia ihrerseits hatte bei sich zu Hause erlebt, wie ihr Bruder Schelte bekam, weil er im Stehen Pipi machte, und wollte Michael von einer gleichen Erfahrung schützen.

❖ ❖ ❖

Noch etwas vom Kindergarten:

Als eine Mutter ihren Sohn in den Kindergarten brachte, verlangte sie von mir eine Schaufel und ein Stück Zeitung. Mitten auf dem schmalen Weg zum Kindergarten liege ein großer Haufen Hundekot, erklärte sie. Sie wolle ihn aufnehmen, damit die Kinder nicht hineinträten und ihn mit den Schuhen in den Kindergarten hineintrügen. Sie entsorgte die Sache und brachte mir die Schaufel sauber gereinigt zurück.

❖ ❖ ❖

Ein Vater: Von Zeit zu Zeit sage ich zu meinen Kindern:

»Bitteschön« und »Danke«, das sind zwei goldene Schlüssel, die ungeahnte Welten und manches Herz öffnen können.

❖ ❖ ❖

Am Fenster eines Einfamilienhauses ist ein kleines Plakat mit folgendem Text angebracht:

Uns regt nichts auf,
wir haben Kinder!

Ein Elternpaar berichtet im Seminar:

Wenn Florian mit seinen Legosteinen eine Burg bauen will, verschanzt er sich im Laufgitter. Dort drinnen besteht keine Gefahr, dass ihm die einjährige Schwester sein Kunstwerk zerstören könnte. Und auch der Hund kann ihm nichts mehr umwerfen.

❖ ❖ ❖

Ein Vater, der in seiner Kindheit wenig Geborgenheit erfahren durfte und um seine eigenen Kinder treu besorgt ist, umschreibt das Urvertrauen so:

»Urvertrauen ist für mich ein Heimatgefühl. Das Heimatgefühl hat für mich nichts mit heiler Welt zu tun. Meine Buben haben, so hoffe ich, dieses Heimatgefühl, weil sie wissen, sie können mit jedem Scheiß, den sie anrichten, zu uns kommen. Ich selbst habe dieses Heimatgefühl, wenn meine Frau und ich uns nach einem Streit versöhnen und ich dann spüre, wie sehr wir uns lieben. Und wenn ich dann wieder tief in mir drin diese Ruhe, Wärme und Geborgenheit spüre, das ist Heimatgefühl! Und dass ich für meine Familie da sein und für sie sorgen darf.«

❖ ❖ ❖

Ich wünsche allen Leserinnen und Lesern dieses Buches von ganzem Herzen dieses warme Heimatgefühl und die Gabe, es ihren Kindern weiterzugeben. Ich wünsche Ihnen die Kraft, Ihre Jungen und Mädchen voll frohen Vertrauens auf ihren Weg freizugeben. Mögen Sie viel frohe Stunden zusammen mit Ihrer Familie erleben und immer wieder eine Weile beglückender Muße für sich selbst. Tragen Sie Sorge zu sich und zu Ihren Lieben!

Herzlich!
Heidi Maier-Hauser, Benglen/Zürich im Februar 2004

Danksagung

An dieser Stelle möchte ich allen danken, die wiederum an der Entstehung dieses Buches beteiligt waren: Meinem Mann Toni, meiner Schwester Marianna und meiner ehemaligen Arbeitskollegin Sonja Mörsch. Sie alle haben mich unterstützt und ermutigt, das Buch zu schreiben.

Ich danke meinen geliebten Kindern Beatrice und Urs, dass sie ihren Weg lebensfroh, mutig und kraftvoll gehen! Mein großer Dank geht auch an alle meine Kursteilnehmerinnen und -teilnehmer für ihre Offenheit, ihr intensives Mitmachen und ihre vielen wertvollen Beiträge aus ihrem persönlichen Familienalltag, die, so hoffe ich, vielen Menschen neue Impulse auf ihren Weg mitzugeben vermögen.

Ganz warmen Dank an »meine« Kinder im Kinderhaus, die mich mit ihrem Frohmut, ihrer Lebendigkeit und Spontaneität so reich beschenken!

Mein Dank gilt auch dem Beltz Verlag und insbesondere dem Lektor, Herrn Dr. Claus Koch, für die einfühlsame Lektorierung und Drucklegung des Manuskripts.

Kontaktadresse:
Heidi-Maier-Elternworkshops
Bodenacherstr. 2G
CH-8121 Benglen
www.heidi-maier.com